LES STATUTS DE SHKODRA

Xhyher Cani

Les statuts de Shkodra

Un monument historique et juridique de l'Albanie médiévale

L'Harmattan

5-7, rue de l'École-Polytechnique, 75005 Paris

www.harmattan.com
diffusion.harmattan@wanadoo.fr
harmattan1@wanadoo.fr

ISBN : 978-2-343-07182-4
EAN : 9782343071824

Préface

La tradition du droit dans l'Albanie médiévale

L'Albanie médiévale est incontestablement une mosaïque de cultures, de langues et de formations économiques et sociales, un espace où se croisent les traits de l'Est et de l'Ouest et où se joignent les matrices des cultures romaine et grecque. Le concept de civilisation des XIIème et XIII ^{ème} siècles ne doit pas être réduit au sens ethnique du terme pour l'Albanie, mais doit être saisi comme un mélange des cultures byzantines dans le centre et le sud de l'Albanie, ainsi qu'une culture cosmopolite urbaine dans le nord. Les deux cultures, byzantine et celle adriatique catholique n'étaient pas mono -ethniques, mais comprenaient un tableau riche linguistique, où se croisaient des personnes parlant différentes langues, comme l'albanais, le grec, le slave, le dalmate, le latin, le vénitien ou l'aroumain. Byzance était notamment un empire multiethnique, où l'orthodoxie servait de moyen commun de cohésion entre les différents groupes linguistiques. Tous ces facteurs ont contribué à la création d'une culture populaire, où se sont forgés non seulement l'esprit créateur d'un peuple, mais aussi sa mentalité et sa capacité de jugement, où le droit civil a cohabité avec le droit coutumier des montagnes de l'Albanie médiévale. L'image de ce monde nous est parvenue à travers les différentes sources documentaires, historiques, ethnographiques, archéologiques, reflété dans diverses œuvres d'auteurs étrangers et albanais.

L'Albanie connut, du XIIème au XV ^{ème} siècle le processus d'établissement des structures étatiques indépendantes, auquel s'ajoutent l'instauration et la consolidation des institutions politiques et juridiques, lesquelles cohabitaient avec le droit coutumier. La création des principautés féodales médiévales en Albanie représentait une étape marquante dans l'histoire du droit. L'existence de ces principautés féodales au milieu du XIVème siècle constituait une avancée dans le développement économico-social ainsi que dans la création et la consolidation des institutions juridiques aux traits locaux.

Durant la période médiévale des XIIème -XIVème siècles en Albanie a cohabité un ensemble de droits, comme le droit positif formulé et sanctionné par le pouvoir politique de l'époque, le droit canonique des rites catholiques et orthodoxes, ainsi que le droit coutumier. Cette multitude de droits était une particularité commune de la structure juridique du système féodal, mais ce droit féodal se traduisait par le particularisme qui constituait un réflexe de la prédominance des coutumes locales et des actes et normes des seigneurs particuliers. Le particularisme du droit reflétait le paysage politique de l'époque, apparaissant dans sa forme fragmentée. Le droit positif créé par le pouvoir politique était relatif car il était limité par l'existence du droit canonique, du droit coutumier et du droit spécial. Dans ce contexte, le droit positif au sens classique manquait, mais un droit formulé et sanctionné par le seigneur dominateur existait et régissait les relations juridiques dans leur ensemble. Dans le contexte du droit positif a aussi existé le droit positif spécial qui reflétait les différents privilèges des dominateurs ou individus particuliers.

En Albanie, le droit byzantin s'appliqua et subsista longtemps en conséquence de la longue domination romano-byzantine. Ce droit n'était autre que le droit romain reformulé à l'époque de l'empereur Justinien et du féodalisme. Le droit byzantin s'étendait principalement dans les zones urbaines, alors que, dans les zones rurales, où prévalait la petite propriété, s'appliquait le droit coutumier qui influait aussi fortement sur les rapports des familles seigneuriales. Durant l'époque féodale du Moyen Age en Albanie, le droit coutumier, hérité de génération en génération et non retranscrit dans les documents, fut appliqué davantage dans les zones montagneuses plutôt que campagnardes, influant même parfois sur le droit positif. Cette cohabitation entre le droit écrit et non écrit a eu son influence réciproque, où la norme coutumière a souvent prédominé sur le droit écrit.

La création des principautés indépendantes albanaises au XIVème siècle s'accompagna d'un long processus de développement durant lequel la classe féodale albanaise commença à manifester une sorte de souveraineté économique, politique et judiciaire. Le pouvoir central, afin de maintenir l'ordre et le contrôle total du territoire dominé, ne manquait pas d'exercer une politique concessionnelle, qui se traduisait par des accords conclus avec les chefs locaux ainsi que par les privilèges accordés à l'appareil administratif albanais. Dans ces accords, les différents empereurs byzantins, les rois serbes et angevins ou gouvernants vénitiens, s'engageaient à gouverner selon les « normes et coutumes anciennes ».

Avec la chute des empires balkaniques, comme ceux byzantin et serbe, cette autonomie d'action de la norme coutumière passe aux mains des féodaux locaux, lesquels, disposant désormais de la puissance économique deviennent juges souverains concernant toutes les affaires civiles et pénales naissant dans leurs propriétés (*rationen et iustitiam in civilibus et criminalibus dare*). La prise en charge du jugement des affaires judiciaires sous leur juridiction marque la dernière étape de la transformation des nobles albanais en de véritables seigneurs politiques, économiques et judiciaires. Toutefois, le pouvoir judiciaire des nobles allait être sans cesse limité par l'action du droit coutumier ou canonique, ce dernier prévalait surtout dans les affaires ayant trait aux rapports civils.

Cette politique de concessions du pouvoir central s'appliqua aussi dans les villes, où l'une des principales concessions accordées sous la contrainte par les seigneurs étrangers aux villes albanaises fut la reconnaissance à un certain niveau du cadre autonome juridique et institutionnel, et leur engagement politique, afin de respecter les propriétés, privilèges ainsi que les « bonnes coutumes » (*bonos usus*), comme l'exemple de Charles Ier d'Anjou en 1272 et de la République de Venise en 1392 dans la ville de Durres. Les institutions traditionnelles locales ont été conservées jusqu'à un certain point, continuant à agir en même temps que le pouvoir seigneurial représenté par ses gouvernants.

Mais, dans le cadre de l'auto-administration, les villes ont créé leur propre droit, qui se distinguait clairement de celui du pouvoir central, du droit féodal, canonique et coutumier. La création de ce droit était conditionnée par le besoin économico-social et politique. Le développement et l'affirmation des villes comme centres commerciaux et artisanaux engendrent la nécessité d'une régulation autonome des rapports juridiques qui avaient leur propre particularité. Le champ d'application légale du droit des villes se réduisait en raison de leur dimension territoriale, chaque ville élaborait des actes normatifs régissant sa vie interne d'une façon parfois originale et parfois identique les unes aux autres. Les principales sources du droit des villes, en tant que droit particulier, étaient les statuts ou les ordonnances des occupants étrangers, les différents accords entre les villes, etc.

L'apparition des statuts

Les statuts étaient des entités juridiques de normes écrites ou d'actes normatifs codifiés qui régissaient la vie à l'intérieur des villes-communes médiévales: les rapports entre ces villes-communes autonomes et leurs seigneurs féodaux, entre elles et l'Eglise, ainsi que les relations hiérarchiques internes aux églises dans une juridiction spécifique telle que l'archevêché. A l'origine, dans l'Europe du XIIème siècle, les communes naissent dans le contexte historique de la rébellion secrète du milieu bourgeois récemment apparu contre la seigneurie féodale. Cette rébellion apparaît par la suite comme une entité se manifestant dans l'union commune de la population citadine, *universitates*, qui marque le début de la personnalité morale. Ces réunions générales citadines donnent naissance à l'institution politico-administrative de la *commune*, qui jouit d'un statut juridique gouvernant autonome. Toute la structure dirigeante législative, exécutive et judiciaire de la ville-commune était désignée et agissait sur la base des statuts, ainsi que la procédure civile, pénale, privée et publique de la vie individuelle et de la commune citadine qui s'appuyait sur ces mêmes statuts.

Dans la conception du droit, le terme de *statut* juridique détermine un ensemble de textes régissant la situation d'un groupe d'individus, leurs droits et devoirs et sert à les distinguer et les identifier indépendamment des autres catégories morales. L'évolution du terme *statut* pendant le processus historique témoigne du chemin parcouru par ces ensembles de lois et normes régissant la vie de la cité. A ses débuts, le terme *statutum* désignait une norme législative qui s'appliquait sur un espace territorial déterminé et pour un temps donné. Par la suite, ce nom renvoie à l'ensemble de ces décisions, comme un corpus organique. Dans les textes juridiques, le terme de *statutum* (statut) sous-entend « détermination légale, juridique, ordre, règle », restant ainsi proche du mot latin *constitutio*. Au début du XIIème siècle, l'emploi du mot *statuta* se limitait dans la langue courante au roi et à l'église, même si le terme de *statuta civitatis* apparaît parallèlement.

Le chercheur rigoureux italien Giuseppe Valentini[1] écrivant sur la tradition juridique de l'Albanie déplore l'absence d'un corpus entier juridique statutaire des villes albanaises, qui ont été transmises jusqu'au XXème siècle seulement dans leur forme de vestiges de villes particulières, comme Durres et Shkodra. S'ajoutent à cela les hypothèses exactes du poète monseigneur Gjergj Fishta, [2] qui, dans l'introduction de la publication du *Kanun*[3] *de Leke Dukagjini*, met en évidence ce destin infortuné des villes côtières dalmates-albanaises, traité davantage par Shuflaj en 1924 [4]. La tradition juridique de ces études fut enrichie par la suite par les chercheurs italiens Villari en 1940[5] et Pertusi en 1973[6].

---

1 G.Valentini, *Lo statuto personaloin Albania all'epoca di Scanderbeg(Appunti degli archivi della Republica Veneta,* Rome , 1967*)*. Ce clerc de l'ordre des jésuites a vécu et travaillé en Albanie de 1932 à 1943 et est l'auteur de nombreuses études importantes dans le domaine de l'historiographie albanaise et balkanique, recueilleur reconnu de la tradition juridique et grand connaisseur des relations entre l'Albanie et Venise.

2 SH. C. Gjegjov, *Le Code de Leke Dukagjini ou le droit coutumier dans la Haute Montagne albanaise*, traduit par P. Dodaj, Rome, 1941, p.19

3 Canon

4 M.Sufflaj, *Stâdteund BergenAlbanienhaupsâchlich vâhrenddes Mittelalters* (Denkschriften dAkad.dWiss in Wien, Philos-hist, Kl, 63, 1 Wien und Leipzig, 1924, blem, Les Serbes et les Albanais, Tirana, 1926.

5 S.Villari, *Le consuetudini giuridiche dell' Albania nel Kanun di Leke Dukagini*, Rome, 1940, p. 12.

6 A.Pertusi, Per la storiadi Dulcigno nei secoli XIV- XV, e dei suoi statuti citadini, dans « Studi veneziani », XV(1973), p.198-199.

L'absence d'une documentation complète d'une tradition juridique citadine a orienté le point de vue scientifique vers le droit coutumier, où la mosaïque des canons des montagnes évoquait une tradition riche, qui, pour de nombreuses raisons historiques, géographiques, sociales et politiques, survécut et eut une force d'action importante jusqu'au milieu du XXème siècle, même si la législation moderne des codes pénaux était entrée en vigueur dès 1928 dans l'Albanie monarchique.

De ce point de vue, l'Albanie de ces années-là « faisait plutôt l'objet d'une curiosité anthropologique que d'une récupération historique[7] ». Cette récupération historique sera rendue possible seulement à notre époque, lorsque les archives et bibliothèques vénitiennes enrichiront l'histoire adriatique, et particulièrement celle albanaise avec leur trouvaille inattendue, où la place principale sera attribuée à Shkodra, élevée au même rang que les autres villes adriatiques comme Dubrovnik, Kotor, Budva, Tivar, Durres, en présentant une structure gouvernante presque de niveau égal aux grandes villes de la côte italienne adriatique.

La création des statuts comme constitution citadine a été réalisée à travers un processus progressif et constant. L'élaboration des statuts des villes médiévales albanaises a été influencée par le droit byzantin, héritier du droit romain, qui servait de modèle pour la résolution des conflits juridiques. Comme des chercheurs balkanologues l'ont déjà souligné, les statuts des villes albanaises ont aussi été marqués par le droit coutumier local, qui apparaît dans plusieurs institutions juridiques, telles que l'hospitalité, la parole donnée et la vendetta. En outre, la

[7]Lucia Nadin, *Les statuts de Shkodra, dans la première moitié du XIVème siècle avec les ajouts jusqu'en 1469*, Ed. Onufri, p.110.

jurisprudence a aussi joué un rôle important dans l'apport aux statuts. La manière dont une affaire judiciaire était résolue créait un précédent pour la résolution analogue des autres situations semblables et enrichissait chaque jour les statuts. La multitude des actes normatifs légaux cités ci-dessus comme les statuts, les contrats, les actes notariaux, évoquent une société civile développée, où la vie civile, politique et économique était régie par un droit spécifique de la ville. Selon le médiéviste reconnu Shuflaj[8], la vie entière de la ville se basait sur la loi positive byzantine s'agissant de l'aspect politique, social et commercial, pour les villes où l'administration byzantine avait force d'action.

Dans la période de l'identification politique et économique, ainsi que de l'autogouvernement des villes communales dans la forme des républiques médiévales, les villes-communes de l'Adriatique de l'Est, comme Shkodra, Drisht, Durres, Budva et Kotor ont nécessité une formalisation statutaire juridique. Selon Shuflaj, dès le VIIIème siècle apr. J-C, en Dalmatie, dans l'Italie du Sud et à Durres, l'autorité juridique byzantine faiblit. Les autonomies citadines engendraient une nouvelle entité étatique en attribuant le pouvoir prioritaire au dirigeant de la commune citadine. Leur législation est influencée par l'Ouest à l'époque des Normands, des Angevins et surtout de Venise.

---

[8] En étudiant particulièrement la période historique de la côte est de l'Adriatique à travers les XIème et XIIème siècles, Milan Shuflaj est arrivé à étudier en même temps l'histoire de l'Albanie et de sa côte. Dans sa large étude scientifique, Shuflej révèle des données considérables sur l'histoire côtière albanaise, précisément sur les cités côtières telles que Durres, Lezhe, Shkodra, Drishti, Vlora, Tivar et Ulcinj, en apportant une information complète documentée et d'archives sur elles, sur les plans politique, économique et juridique.

Ces influences jusqu'aux XIIème et XIVème siècles renvoient les villes albanaises au genre des villes dalmates, en les rapprochant davantage du type des villes d'Italie du Sud plutôt que celles d'Italie du Nord. L'origine la plus ancienne de ces statuts a été expressément selon Shuflaj celle byzantine. Le droit byzantin se trouve à la base des statuts des villes albanaises, mais ce droit a été modifié par l'élément juridique provenant d'Italie.

Les statuts constituaient la plus haute expression de l'organisation des villes albanaises au Moyen Age. Ils comprenaient les actes normatifs qui régissaient dans leur ensemble l'administration et le fonctionnement juridique de la société citadine, en particulier les rapports entre les citadins, ceux entre les citadins et l'Etat, entre la ville à son intérieur et les alentours. Les données parvenues jusqu'à aujourd'hui démontrent que des villes comme Durres, Shkodra, Drishti, Tivar et Ulcinj se sont munies de statuts. Les statuts conservés dans leur intégralité sont justement ceux de Shkodra, dont une copie a été retrouvée dans les fonds du musée Correr à Venise. Les Statuts de Shkodra, comme stipulé dans leur IVe chapitre, étaient conservés en deux exemplaires authentiques, un dans la Chambre du trésor et l'autre près la cour de la ville.

Le statut le plus ancien de la côte dalmate date de 1214 et appartient à l'île-ville de Korcula. La ville de Kotor constitue l'extrémité la plus au sud de la côte dalmate. S'agissant des statuts de cette ville, sa matrice juridique est la ville de Dubrovnik, qui servait de modèle pour la ville de Kotor. En effet, la commune de Dubrovnik se munit de statuts sous l'ombrelle de Venise en 1272, alors que Kotor c'est seulement entre 1302 et 1315 qu'elle y parvint.

Dubrovnik s'affranchit de l'occupation vénitienne en 1358 pour se proclamer république, alors que la ville de Kotor connut une large autonomie dans le cadre de l'Etat serbe de l'époque, sous la dynastie des Nemanjic du XIIème siècle jusqu'en 1371, époque où son modèle (Dubrovnik) fut couronné de succès dans le domaine du commerce et de l'artisanat. Entre 1391 et 1420, Kotor était même indépendante et de cette même période datent les articles particuliers de son statut médiéval intitulés *Partes captae in consiliis Catharinorum, quo tempore suis legibus et institutis regebantur* ou plutôt *Tempore Catharinorum* où l'on trouve d'autres articles recopiés et classés comme dans les statuts de Dubrovnik.[9]

Les lois d'Ulcinj ont été rédigées par le comte Mark Polami de Venise en 1280.

Les statuts de Budva ont été créés sous l'empereur Douchan en 1349, Durres avait un code de lois en latin entre 1350 et 1361, mais, pendant l'occupation des Balshaj et Topiaj de 1385 à 1392, les citoyens de Durres ont caché ces statuts dont un fragment de 35 chapitres rédigés sur papier a été retrouvé en 1398 à l'Assemblée des Franciscains.

La décennie d'avant, en 1920, Milan Shuflaj a découvert et publié les statuts de Drisht du XIVème siècle (republié par Dr. M.Ahmeti et Dr. E.Lala). Mais Drisht constituait une particularité dans le cadre des villes médiévales albanaises. C'était une ville avec une identité religieuse prononcée, avec un nombre innombrable d'églises, où la vie tournait autour de la cathédrale et de la figure de l'évêque, la personnalité duquel prévalait, constituant à la

---

[9] Pour la tradition statutaire des villes dalmates voir plus loin Ante Marinovic, *Les origines et les premiers actes des chancelleries urbaines en Dalmatie en particulier et Kotor (XIII-XIVème s),* Texte français revu par Jean Dufour, Ecole des Chartes, ELEC, p. 360.

fois la plus haute autorité ecclésiale et laïque. Les statuts de Drisht sont la « constitution » d'une république ecclésiale, où très peu, voire même aucune problématique, d'une vraie commune médiévale n'est reflété.

La découverte des statuts de Shkodra dans le musée Correr de Venise marque un acte saisissant culturel, qui éclaire une dimension inconnue jusqu'à maintenant, d'une ville ancienne albanaise comme Shkodra, qui de 1396 à 1479 faisait partie de la République de Venise.
Les statuts de Shkodra ont été découverts par la philologue italienne Lucia Nadin qui a rendu publique la nouvelle pour la communauté scientifique albanaise en 1997. Le manuscrit original date du XVIème siècle, alors que la formulation juridique des statuts a été réalisée à l'aube du XIVème siècle.
Pour la première fois, le livre a été publié à Rome en 2002 et est même précédé des études de Lucia Nadin, et aussi accompagné des études des historiens G.Ortalli et O.J.Schmitt et du linguiste G.B.Pellegrini. Les statuts ont été traduits en albanais par le professeur Pellumb Xhufi.

Selon ces chercheurs, les statuts de Shkodra ont été rédigés et appliqués avant 1346, quand Shkodra était sous le régime du règne serbe d'Etienne Douchan. Toutefois, ils ont été maintenus en vigueur même après que la ville fut passée sous le contrôle de Venise en 1396. Les adoptions ultérieures datent de l'époque vénitienne et jusqu'en 1469, à l'aube de la domination turque en 1479. Le texte a été recopié à la main par un certain Marino Dulcic, dont on ignore quasiment tout, mais la motivation pour recopier ce monument du droit médiéval des villes évoque directement une vocation qui s'attache à la préservation de la mémoire historique des rapports Shkodra-Venise. L'existence de ce manuscrit est citée dans une

bibliographie italienne de 1907, du chercheur Leone Fontana ; ces statuts sont aussi évoqués par le chercheur reconnu Zef Valentini, mais après ces citations, ils tombèrent aux oubliettes dans les archives du musée Correr, où après seulement 90 ans, la volonté et l'érudition de la philologue Lucia Nadin les sortirent de l'ombre de sept siècles.
Le document original est écrit sur un parchemin et contient 40 pages, la langue des statuts est le vénitien d'utilisation populaire, mélangé avec le dalmate qui prédomine souvent. Ici et là, on rencontre des mots particuliers, d'origine slave ou sombre. Dans la deuxième édition en 2010 on a conservé la traduction des statuts faite auparavant par Pellumb Xhufi pour la première édition, alors que les études qui les précèdent ont été traduites en albanais par la traductrice Vjollca Lisi. Ce manuel juridique de la vie de la ville de Shkodra apporte des données importantes sur l'histoire du droit dans l'Albanie médiévale, et informe sur la vie de la société albanaise de la période médiévale. Les statuts de Shkodra apportent tout ce qui concerne les champs politique, administratif, économique, culturel et reflètent à travers la loi la vie des citoyens de Shkodra dans le commerce, l'agriculture, l'artisanat, le bâtiment, les rapports de propriété, comme dans d'autres aspects du droit privé, civil, pénal, public et administratif.

« Un véritable monument de l'Albanie médiévale », c'est ainsi que les Statuts sont nommés par le chercheur Oliver Jens Schmitt dans son étude précédant la publication, un autre chercheur, Gherardo Ortalli, ne manque pas d'hyperboles en ce qui les concerne en soutenant qu'ils constituent quelque chose de plus, puisque les Statuts sont d'une importance considérable pour la partie de l'Est de l'Adriatique.

Le manuscrit des statuts de Shkodra trouvé au musée Correr à Venise s'avère être du XVIème siècle et l'auteur de sa retranscription Marino Dulcich affirme et jure l'avoir recopié de l'original fidèlement, original retrouvé au Conseil des Dix, dans les archives étatiques de Venise.

Les statuts de Shkodra comportent initialement 268 chapitres et par la suite 11 autres chapitres ont été ajoutés, tous datés selon les années. Ainsi, les chapitres 269, 270, 271, 272 sont datés de 1391, le chapitre 273 date de 1392, le 274 de 1393, le chapitre 275 date de 1457, le 276 ne comporte pas d'indication de datation mais est supposé dater des environs de 1400, le chapitre 277 date de 1462, le 278 date de 1469, le chapitre 279 porte la datation de 1461. Les 268 chapitres appartiennent incontestablement au début du XIVème siècle, avant 1346, date à laquelle Etienne Douchan, roi des Serbes, a été couronné empereur. Dans le contenu intégral statutaire des 268 chapitres, Etienne Douchan est mentionné par le titre de « roi », mais au chapitre annexe 274 datant du 10 mars 1393 il apparaît sous le titre d' « empereur ».

Le respect légal de ces statuts était une obligation pour tous les citadins, et même pour les étrangers qui ne pouvaient se prévaloir de leur ignorance. Hormis leur formulation légale, les statuts de Shkodra reflétaient aussi la manière de vivre et le code de conduite de ses habitants qui se manifestaient dans les us et coutumes « *constuedutini e le usanze* », qui consistaient en une superposition commune de normes qui provenaient de la tradition, du droit appliqué dans la ville comme du droit coutumier des montagnes. Cette richesse commune de sources juridiques était non seulement respectée par le droit écrit et non écrit, mais était aussi une condition dans le dialogue politique de la commune avec les fonctionnaires de la « *Serenissima* », de qui on exigeait rigoureusement l'exécution de ces traditions, pendant la période entière de l'administration vénitienne de la ville de Shkodra. L'univers religieux était totalement présent dans les Statuts de Shkodra, saint Stéphane, le guide religieux et le Saint Patron de la ville, était aussi messager des événements importants de la vie urbaine de la commune, tandis que le calendrier entier religieux était respecté non seulement par les citadins, mais aussi par la commune et l'administration centrale du seigneur, qui interrompaient toute activité publique aux dates respectives des saints. Il faut souligner le fait que, dans les années 1300, toute la région de Shkodra, mais aussi d'Ulcinj et Tivar, était constituée de population catholique[10].

Dans une série de chapitres, 84, 136, 262, une description est faite des habitants de Shkodra, divisés en certaines catégories, citadins, Slaves et Albanais. La définition de ces catégories à travers les critères religieux ou ethniques constitue davantage une séparation dans l'espace de l'exercice des droits civiques où la dénomination de citadin (*latino*) présuppose un citadin jouissant des pleins droits.
On remarque aussi ce schéma de séparation à Ulcinj, où le chercheur Pertusi distingue *cives*, citadin avec de pleins droits, de *forenses* ou *rustici*, citadin avec des droits partiels. Le même schéma s'appliquait à Kotor, Split et Korcula ; même Pertusi considère ce sujet comme inachevé.

Les 278 chapitres des statuts de Shkodra sont divisés selon des parties thématiques. Schmitt les classe en commençant par les premiers chapitres, du premier au septième, qui

[10] G. Valentini, *Appunti,* op. cité, p. 2327.

traitent des rapports entre l'habitant de Shkodra et l'institution du roi serbe, les chapitres 8-50 évoquent les rapports de voisinage, le partage de la terre, etc. Les chapitres suivants traitent du statut de l'habitant de Shkodra et de ses devoirs dans les rapports avec les organes du pouvoir local et central. Une place importante est aussi accordée dans les statuts à l'organisation de la vie administrative du pouvoir, leurs devoirs et compétences, tout comme ceux de l'assemblée populaire, du conseil de la ville et du pouvoir judiciaire, à travers le fonctionnement et les compétences des tribunaux, de leurs procédures civiles et pénales.

Les statuts apportent un paysage administratif riche de la ville avec le fonctionnement normal d'un appareil étatique, où sont requis le respect de la loi, la motivation de l'administration et du citadin où le droit cohabite avec l'éthique et la morale, où la contravention et la faible morale sont sanctionnées, où les conflits sont résolus sans auto-justice et où fonctionne une activité artisanale et commerciale, entièrement contrôlée par un système fiscal et douanier. Tous ces attributs reflétés dans les chapitres de ces statuts donnent à Shkodra le portrait d'une ville européenne cosmopolite, où l'élément latin prend une place importante et se traduit par les caractéristiques de sa civilisation, la religion chrétienne, la juridiction, la terminologie administrative, la structure étatique et la manière de vivre. Ce rapprochement révèle essentiellement leur même nature schématique que l'on retrouve aussi dans les statuts des autres villes de la côte adriatique italienne et celle dalmate-albanaise, qui s'insèrent dans la période du Haut Moyen Age et à l'aube de la Grande Renaissance européenne.

La période et la langue des « statuts »

L'analyse d'Oliver Schmitt[11] offre les arguments les plus solides témoignant de la période du recueil de ces normes juridiques. La rédaction des articles dans la forme des statuts que l'on connaît est à rattacher au début du XIVème siècle. A cette époque, Shkodra, comme l'Albanie entière, était sous l'occupation du royaume serbe d'Etienne Douchan. Dans ce contexte historique, seulement la ville de Durres échappait à ce contrôle, puisqu'elle se trouvait entre les mains des Angevins. Le contenu des statuts lui-même apporte des indications quant à la période de leur rédaction. Est assez saisissant et signifiant le fait que le texte, du début à la fin, identifie Etienne Douchan par le titre de *roi* (*miser lo re*, *lo re*) et pas par le titre impérial de *tsar*, alors qu'il fut couronné solennellement en 1346 en renonçant au titre de roi. Le deuxième argument concerne la période et le contenu du Coutumier du tsar Etienne Douchan proclamé à Skopje en 1349.

Si l'on devait comparer les statuts de Kotor, Budva et Shkodra, il y aurait des conclusions à tirer concernant la langue utilisée dans les textes concernés ainsi que leur contenu légal. L'intégralité des statuts de Shkodra, en dehors du vénitien populaire utilisé à quelques endroits, a été rédigé dans le dialecte néolatin (*romanzo*) de la langue vivante dalmate datant du XIIIème siècle, par opposition à la langue latine utilisée dans les statuts de Kotor et celle italienne vénitienne du XVIème siècle employée dans le statut de Budva. Dans aucun autre texte de l'époque n'apparaît, autant que dans les statuts de Shkodra le profil néolatin des villes côtières de l'Albanie du Nord et de la vie dalmate dans la première partie du XIVème siècle.

---

[11] O. Schmitt, *Një momument i Shqipërisë mesjetare, Statutet e Shkodrës*, Shtëpia botuese Onufri, botim i dytë , 2010, p. 50-105.

La conclusion, quant à la période de rédaction des « statuts de Shkodra » tirée de la langue écrite, se joint à l'analyse juridique, si les trois statuts sont confrontés au coutumier d'Etienne Douchan, proclamé à Skopje en 1349, et d'autant plus à la conclusion logique car, dans les statuts sont incluses des procédures juridiques qui ne nécessiteraient pas d'y figurer si le coutumier était en vigueur. Mais, en même temps, l'absence du droit pénal dans les statuts et l'omission du droit civil dans le code d'Etienne Douchan témoignent d'une différence de la période de formation, où les statust de Shkodra priment et modèlent même les Statuts de Budva.[12]

Un statut rédigé après la rédaction du Coutumier (en 1349) se devait pour cette raison de renoncer à l'auto-administration du droit pénal appartenant à la sphère impériale, et c'était ainsi le cas de Budva. Les statuts de Shkodra contiennent des normes de droit public, comme ceux de Kotor et de Budva, ainsi que des normes de droit civil et pénal[13]. Une observation kaléidoscopique du texte des Statuts de Shkodra nous éclaire sur les différentes étendues périodiques mais on peut surtout constater que les normes juridiques spécifiques reflétant la vie et la

---

[12] Une analyse quantitative du système de sanctions pénales chez les Slaves du Sud nous offre l'image suivante, dans le Code de Douchan : 32% des peines sont corporelles, 14% sont privatives de liberté, 37% ont un caractère pécuniaire et 16% spirituel (voir Xh. Cani, *Le canon de Scanderbeg au cœur du coutumier albanais*, thèse de doctorat, Paris X, p. 226).
Le code de Douchan, un document juridique important pour le Moyen Age serbe affirme, avant tout la base juridique de l'empire du tsar Etienne Douchan. On peut noter ici une évolution semblable aux autres parties d'Europe, où les influences réciproques entre Eglise et Etat font apparaître la tendance du constitutionnalisme au prototype de la monarchie absolue fondée sur une base mystique.. (Mon explication).

[13] O. J Shmidtt, article cité p. 62.

société cosmopolite citadine avaient été rédigées avant que Shkodra ne passe sous tutelle de l'administration serbe.

Le caractère identifiant des statuts de Shkodra n'exclut pas la relation donnant-donnant avec d'autres expériences de codes de lois, où le lien avec les statuts de Budva des années 1349-1351 apparaît comme plus important, où les cinquante premiers articles se ressemblent ou sont plus au moins du même genre et sont suivis ensuite par 41 articles de Budva. Comme on le voit, cette inspiration directe des statuts de Budva à ceux de Shkodra est la plus à même de témoigner de la matrice culturelle et juridique de cet important centre administratif et économique du Nord de l'Albanie, qui n'a pas manqué d'influencer les communes voisines. Cette influence est le reflet du rayonnement d'un schéma juridique des villes-communes, de toute la côte adriatique, où la cohésion économique, culturelle et juridique est bien présente. Contrairement aux statuts de Budva, les similarités entre les statuts de Kotor et ceux de Shkodra les précèdent en partie (1301, 1312, 1315, 1316, 1320). Mais les statuts de Kotor présentent des particularités parce qu'ils seront enrichis de deux ajouts ; en premier les normes juridiques serbes-vénitiennes (1383-1420) et, par la suite, les résolutions vénitiennes. Dans ce contexte, les statuts de Kotor ont été imprimés en 1616, alors que les statuts de Budva et Shkodra subsistent après la domination ottomane dans leur forme manuscrite.

Les statuts de Shkodra ont joui d'une sorte d'autonomie, particulièrement dans le droit public, et même sous le règne de la couronne serbe. L'autonomie normative des statuts de Shkodra est aussi confirmée par le Coutumier d'Etienne Douchan[14]. Dans ces statuts on relève clairement l'attribution par le roi aux juges de

[14] *Ibidem,* p.68.

compétences autonomes dans l'administration des affaires judiciaires (*Zudegar...d'ogni cosa*) sur toutes les communautés ethniques de la ville cosmopolite. Cette autonomie se traduisait aussi dans le domaine militaire, où les habitants de Shkodra étaient gouvernés par un *capitanio*[15]. Le droit exclusif du roi, lié traditionnellement à la couronne serbe, demeurait seulement le jugement de quatre affaires (*quatro cose*); la trahison (*infidelitate*), le meurtre, le droit sur les serviteurs (*servo ancilla*) et le droit sur les chevaux (*de questi cosi de' zudegar miser lo restesso*)[16].

En période de semis et récolte, tombant entre les jours saints du calendrier religieux, aucun procès n'avait lieu ; et ceci évoque la prise en considération d'une pratique normative intacte de la communauté locale par l'administration royale et le respect protocolaire de ce territoire, en l'honneur (*Il confalonner*) des saints religieux.

L'existence de certains termes serbes dans les Statuts de Shkodra, comme *vrazba, urasba* (*vendicta, vendetta*) ou la taxe à payer dans les procédures judiciaires *sudebina* (en serbe *sudija, sudac*), et l'appellation même de la communauté albanaise (*arber*) par le terme serbe *arbanes*, par opposition au terme latin *albanes*, témoignent d'un lien entre droits dalmate et byzantin, qui n'ont pas manqué d'emprunter aussi aux termes juridiques serbes, n'étant pas de caractère d'origine.

A leur tête, les statuts de Shkodra placent une parabole rhétorique intitulée *Privilège d'Alexandre le Grand de Macédoine*. Cette parabole tente de démontrer un fait

---

15 *Les Statuts de Shkodra*, chapitre 85, p. 323.

16 *Ibidem*.

historique et a été traduite en latin à partir d'un document en langue grecque. Le texte, intrigant, suscite le débat. Les juristes ayant rédigé les statuts de Shkodra se sont efforcés de donner un décor historique ancien, et même antique en dotant « la Constitution de Shkodra » d'une légitimité historique séculaire, où la parabole historique présentée sous le nom d'Alexandre le Grand de Macédoine, comme créateur de cette ville aussi antique que Rome, constitue évidemment un apocryphe. Le caractère révélateur et l'empreinte mythologique de ce texte sont dans le style traditionnel de la noblesse européenne médiévale et davantage de celle balkanique et même celle albanaise (Topiajt, Muzakajt, Engjelloret etc.) tourmentée par les lignées généalogiques princières qui étaient célèbres à différentes époques de l'histoire.

Comme l'observent à raison les chercheurs qui accompagnent cette publication, les statuts de Shkodra ne constituent pas un phénomène isolé, mais font partie de l'ensemble des statuts qui régulaient la vie des villes médiévales développées des deux côtés de l'Adriatique. Le droit romain comme précurseur du droit byzantin constitue l'origine du socle légal de ces Statuts, qu'on rencontre dans presque toute l'unité culturelle adriatique qui se retrouve dans tous les territoires administrés par les Byzantins. Ce modèle était représenté par des villes régies par les statuts comme Kotor, Budva, Tivar, Ulcinj, Drisht, Shkodra et jusqu'à un certain point même Durres. En effet, ce modèle juridique est né dans des circonstances historiques particulières, dans la partie occidentale des Balkans, précisément dans les régions appelées par les balkanologues « régions romaines », qui n'appartenaient à l'Est que par leur nomination, même si le grand empire de Rome fut séparé en empire de l'Est et de l'Ouest.

L'ethnonyme « *Albania veneta* » (l'Albanie vénitienne) comprend des territoires de Lezha au-delà du détroit de Kotor, à Castelnovo, près de Raguse. Dans cette étendue côtière de l'Adriatique de l'Est, de plus de 120 kilomètres, se trouvaient les ports d'Ulcinj, Tivar, Budva, Perast, Risan, Kotor et Castelnovo. Quelque peu en profondeur vers l'Est se trouvaient Shkodra, Shas, Danja et Drisht. Le terme d' « Albanie vénitienne » est une création de la « *Serenissima* », dans le cadre historique du début du XVème siècle, période où Venise se fixa comme objectif de repartir à la conquête de la Dalmatie. Entre 1392 et 1396, l'appellation « Albanie vénitienne » des possessions de la République de Saint Marc sur la côte de l'est dalmate était aussi évoquée dans les documents officiels, en se transformant en unité politique distincte. Avec cette invasion, la côte dalmate de l'est finit par s'éteindre à jamais en tant qu'ethnicité politico-sociale de l'empire byzantin et s'introduit dans le cadre de la culture et organisation sociale latines. Les possessions « *Albania veneta* » se munissent de leurs statuts entre 1307-1449. Probablement, ces statuts avaient leurs variantes, toutefois, chacun d'entre eux révèle des particularités et diverses réalités.

Un attribut du genre de cet espace géopolitique était illustré par Shkodra, en tant que ville n'ayant définitivement pas succombé à l'influence byzantine ou barbare. La mise en œuvre de ce modèle juridique eut lieu à l'aube du XIVème siècle, précisément lorsque la décadence de l'empire byzantin se ressent fortement surtout en sa périphérie. En raison de ces nouvelles circonstances historiques et de l'influence et présence romaines dans cet espace géographique de la côte de l'Est de l'Adriatique, les villes-communes, citées ci-dessus, commencent à adapter une manière institutionnelle romaine de l'administration, tout en conservant le schéma autonome de leur fonctionnement, où les références du pouvoir central changent en fonction des différentes périodes byzantine, slave, romaine et vénitienne.

La structure sociale des villes

Le profil économique-commercial et artisanal des villes albanaises au Moyen Age s'accompagna d'une différenciation économique et sociale de la population des villes. Cette distinction fut polarisée en trois groupements principaux : 1) le peuple, 2) les citadins, 3) la noblesse. Dans le groupe du peuple (*populares*) était incluse la partie la plus pauvre de la population, les ouvriers non qualifiés, ceux accomplissant de lourdes tâches physiques, les assistants des artisans ou leurs apprentis, les dockers, les simples marins, bref, ceux qui se battaient tous les jours pour survivre, en contrepartie d'une faible indemnité. Leurs contingents s'approvisionnaient de ruraux expropriés ou de serfs fugitifs, qui venaient en ville à la recherche d'un autre mode de vie. Durres et Shkodra, au XIVème siècle, étaient des villes qui se sont peuplées davantage des flux ruraux, et les autorités mêmes des communes de ces villes accueillaient positivement et stimulaient dans une certaine mesure cette immigration interne. Ces contingents de ruraux arrivés en ville constituaient une force ouvrière attrayante et une source de revenus pour la ville.

Le groupe des citadins (*cittadini*) était composé des couches moyennes des citadins, des petits et moyens propriétaires, de ceux qui possédaient une maison ou un atelier, des petits commerçants et des maîtres spécialistes. Ils formaient le groupe dominant de la structure de la population des villes. Le troisième groupe, celui des nobles (*nobiles*), qui constituait le haut sommet de la hiérarchie sociale, étiqueté comme l'aristocratie de la ville, englobait les citadins aisés, comme les propriétaires de grands ateliers artisans, les commerçants grossistes, les propriétaires de bateaux de grande capacité, mais aussi les grands propriétaires de terres aux alentours des villes. Nombre de ces féodaux se sont liés à la ville à jamais en y acquérant des biens mobiliers et immobiliers et en dirigeant diverses activités économiques.

La situation économique et sociale privilégiée de cette aristocratie s'accompagnait aussi de titres en fonction de la période et du lieu, comme le titre byzantin « seigneur » (*kyr*), le titre angevin « chevalier » (*miles*) ou « noble chevalier » (*nobilis miles*) et même le titre vénitien *ser*, qui permettaient la distinction dans la hiérarchie sociale. Mais cette distinction économique et sociale des trois principaux groupes des villes est aussi visible sur le plan politico-gouvernant des villes où l'aristocratie jouissait de presque tous les droits politiques et détenait les fonctions gouvernantes de la ville. En tirant profit de leur position privilégiée, les nobles avaient transféré la principale charge des taxes aux citadins. Les villes avaient leurs propres blason et sceau. Celles plus importantes, comme Shkodra, Ulcinj, Tivar, se sont même munies pendant un certain temps de leur propre monnaie.

Le statut des citadins avec des pleins droits (*cives*) définissait une participation sans limitation des citadins dans la vie économique, sociale et politique de la ville, mais d'autres citadins avec un statut de séjour temporaire (*habitantes*, *morantes*) peuplaient aussi les villes médiévales albanaises. Il s'agissait pour la plupart d'artisans, commerçants et entrepreneurs étrangers, qui n'avaient pas le droit d'élire ni d'être élus dans les organes municipaux, mais jouissaient d'une protection particulière de leur vie et biens. Ce fait est notable à Durres où pendant le Moyen Age deux groupes de citadins vénitiens ont séjourné temporairement, tout comme à Shkoder, Tivar et Vlora, où ont habité temporairement des citadins ragusains, et même à Durres et Vlora un petit nombre de juifs à la fin du XIVème siècle et au début du XVème siècle. Afin d'assurer la protection de leurs citadins, Venise et Raguse avaient leurs consuls dans des villes comme Durres et Vlora.

Les institutions gouvernantes

Les villes albanaises du Moyen Age peuvent être classées par rapport à la structure économico-sociale ainsi que l'organisation politico-juridique en deux groupes, celui des villes de genre italo-dalmate et celui de type byzantin. Ces deux genres de villes présentent une capacité d'auto-administration qui s'exerçait à travers un groupe donné de familles puissantes, qui, hormis leurs biens, jouissaient aussi d'un pouvoir baptisé par le pouvoir central par des titres honorifiques, en tant que puissance locale nommé pour l'occasion *proteuon*, *arkond*, *patric*. En effet, sous domination byzantine, serbe ou vénitienne, la souveraineté de la ville était un droit exclusif, selon le cas, du roi, de l'empereur ou de la République et était exercée par les fonctionnaires nommés par eux, qui étaient à la fois commandants militaires et magistrats de la ville. En 1166, à Kruje, le dirigeant de la ville était appelé par le terme latin de *Prior*, alors qu'à Durres avec le terme byzantin de *Proteuon*, au XIIIème siècle à Ulcinj et Tivar le fonctionnaire de la ville était nommé *Kont*, à la chute de Byzance et sous occupation serbe d'Etienne Douchan (1332-1355) dans de nombreuses villes leur chef était appelé *Sebastin* ou *Qefali*.

Sous la domination des despotes serbes (1421-1443), l'exercice de l'auto-administration se restreint et le chef de la ville devient désormais la figure militaire qu'était le *Vojvoda*. La période d'administration vénitienne des villes albanaises après 1392 apporta une nouvelle nomenclature ; à Durres le gouverneur de la ville était appelé *Bail-kapiten*, à Shkoder *Kont-kapiteni*, alors qu'à Tivar et Drisht il était nommé *Podesta*. Dans les villes il y avait aussi d'autres hauts fonctionnaires en dehors du gouverneur. Il s'agit du capitaine (le commandant de la milice de la ville), fonction exercée souvent par le gouverneur lui-même, puis le gardien du château (le commandant du château). Dans des cas particuliers, le poste de chef de la ville était aussi confié aux habitants de la ville. Dans la formation gouvernante des villes médiévales albanaises, conjointement à l'exercice de la souveraineté du pouvoir central, agissait aussi la réunion générale de l'unité citadine (*universitates*, *communitas*), qui marquait un maillon important de l'organisation citadine, où un jour fixé de l'année étaient désignés les fonctionnaires municipaux.

Ces droits des citadins de l'auto-administration des villes étaient aussi sanctionnés par les décrets des empereurs byzantins pour les villes, droits aussi validés par Etienne Douchan. Les villes continuaient d'être administrées par le Conseil de la ville. Dans un premier temps, le conseil municipal était l'assemblée des personnes libres qui jouissaient de tous les droits politiques, mais par la suite ces organes citadins se dirigent vers une différenciation sociale, où se distinguent les *patriciens* et les *populares*. Ce schéma du fonctionnement du conseil municipal a été le même pour tout l'espace côtier de l'Est de l'Adriatique jusqu'à Durres, mais n'œuvra pas dans l'Albanie du sud, où résistait l'influence byzantine. Ce schéma identique de la côte adriatique de l'Est évolua, en intégrant des éléments d'influence dalmate, italienne et enfin vénitienne. Après l'Assemblée populaire on créa la magistrature, puis un conseil plus grand, par la suite un plus petit et enfin un Sénat[17]. C'est ainsi le parcours qu'emprunta Kotor où dès 1312 se tenait un grand conseil de 72 membres, conjointement à l'Assemblée populaire qui sera supprimée en 1361, et par la suite, suivant le modèle vénitien, se forma aussi un Sénat[18] en 1372. Ce schéma de Kotor, qui était le reflet de sa supériorité économique, sociale et constitutionnelle ne s'est pas appliqué à Tivar, Shkodra ou Budva.

A Durres, la subsistance de l'unité des citadins (*universitates*) se manifeste dans sa forme première par une assemblée populaire sans conseillers spéciaux qui se réunissait rarement sous la présidence du premier magistrat, qui à Durres et Vlora était nommé par le nom byzantin de *prokathemen* et traitait des affaires de fidélité et de l'intégrité morale des citadins et des fonctionnaires municipaux et validait aussi les dépenses de l'armement des navires ou les contrats avec l'étranger. L'évolution vers un système d'administration communale comme Shkodra, Budva, Kotor, Tivar fut refusée par les seigneurs locaux qui appartenaient à la tribu des féodaux des Topiajt. C'est ainsi que Durres ne prit jamais la forme complète d'une ville-commune[19]. Les circonstances étaient tout autres à Tivar, où les patriciens jouissaient de

---

[17] G.Valentini, *Lo statuto personale in Albania all'epoca di Scanderbeg*, Rome, 1967, p. 20.

[18] O..J. Shmidtt, art.cité, p. 82.

[19] A. Ducellier, *La façade maritime de l'Albanie au Moyen Age. Durazzo et Valona du XIème au XVème siècle*, Thessalonique, 1981, p. 520.

privilèges et le poste de conseiller ou magistrat leur était exclusivement réservé[20].

A Shkodra, l'élection du Conseil avait lieu le jour de la Saint Marc au 25 avril. Ce jour-là, les cloches de l'église de Saint Stéphane invitaient le peuple à se réunir sur la place de la cathédrale, où en présence de l'évêque et des administrateurs de la ville étaient désignés trois magistrats, huit conseillers et deux financiers de la commune. Leur mandat était d'un an. Les magistrats, conseillers, financiers et notables parmi les habitants de la ville (*boni homines*) étaient membres d'une assemblée plus restreinte, le conseil communal. Mais à la tête des conseils siégeaient toujours les officiels nommés par le pouvoir central. Ces dirigeants détenaient le pouvoir total sur l'administration civile, militaire et judiciaire. Ils proclamaient de nouvelles lois, en abrogeaient d'anciennes, annulaient les décisions du tribunal, envoyaient leurs représentants au collège des magistrats.

En outre, le conseil communal devait désigner un autre rang de fonctionnaires, tels que les notaires et les greffiers (*cancellarius*). Les affaires civiles et pénales étaient jugées par le collège des magistrats de la ville. Ce collège était choisi par le conseil de la ville, mais durant les dominations étrangères il ne pouvait prendre aucune décision sans la présence du représentant du dirigeant de la ville. Les conquérants étrangers ne sont pas parvenus à faire disparaître la coutume de la désignation des magistrats. Les affaires civiles qui appartenaient à l'Eglise, comme les divorces, les adultères et les enlèvements des filles, étaient jugées par le droit canonique. Dans la plupart des cas, les notaires de

---

[20] O. J. Sshmidtt, art. cité, p.94.

nationalité étrangère étaient préférés car ils constituaient un gage de fiabilité supérieure.

A Kotor, tout comme Dubrovnik, le service notarial était exercé par les prêtres locaux. Les notaires répondaient aux demandes de leurs clients par ce qui incluait les services concernant les différents aspects du droit privé, comme les contrats, les responsabilités, les acquisitions, les ventes, les testaments, les actes héréditaires, etc. Le notaire assistait même aux réunions du conseil municipal ou du Sénat, et était présent aussi aux débats des audiences judiciaires, où il tenait des procès-verbaux, lisait les lois qui expliquaient les affaires jugées, retranscrivait les décisions judiciaires ou les autres actes juridiques. Le notaire était désigné par le grand conseil municipal et son mandat était établi par contrat. Dans les livres notariaux de Kotor en 1326 est évoquée une personne officielle nommée *auditor*, inconnue dans les autres villes dalmates, qui devait assister à la rédaction des actes afin de procéder à l'interprétation pour les notaires étrangers qui ignoraient la langue locale. Un rapprochement est sans doute à faire entre l'*auditor* et l'*examinateur* que l'on rencontre dans les autres villes dalmates et qui possédait toutes les caractéristiques du fonctionnaire slave nommé *pristav* (*pristaldus*). Le contrat de travail de *l'auditor* était de six mois en raison de l'importance de la fonction, et, tout comme les magistrats, il était choisi parmi les rangs de la noblesse. Les Statuts de la commune de Kotor, au début du XIVème siècle, interdisaient l'entrée en fonction des représentants du clergé en tant que notaires, conséquence sans doute du fait qu'un clerc ne pouvait pas prêter serment et témoigner au tribunal[21].

---

[21] « Ut clericus non possit esse notarius », *Statuta Civitatis Cathari,* Venetizia, 1616, cap. 295; cf. A. Marinović, *op. cit.,* p. 87. « De

La validité et l'effet du droit d'un acte notarial étaient liés à la forme régulière de l'écriture et du respect des formules juridiques. En pratique, cela sous-entendait que la sincérité d'un texte ou des témoins ne pouvait être discutée si le texte était réputé véritable dans son entier. Une demande en son annulation n'était pas possible, sauf dans le cas où de faux faits étaient constatés et lorsque l'acte n'était pas rédigé et signé par un notaire public. Dans de tels cas, l'acte notarial était annulé et abrogé, et selon les Statuts de Kotor la main droite[22] était coupée au falsificateur.

La tâche du contrôle financier incombait précisément au *spendedor* (comptable), qui contrôlait les revenus et les dépenses réalisés dans la commune de la ville de Shkodra et en rendait compte devant le Conseil.

A Vlora, autant sous domination byzantine et serbe que celle des Balshaj (1371-148), parmi les fonctions communales les plus importantes on retrouvait celle de l'*admiral*, qui était traditionnellement exercée par un noble local. Il en était de même à Durres pour la fonction de *protontini*. L'*admiral*, tout comme le *protontini,* étaient commandants de la flotte de la ville.

Les magistrats attachés auprès du Conseil à Ulcinj étaient nommés *Judices e consiliarii*[23], à Drisht *judices*[24], à

testimonio clericorum non acceptando », *Statuta Cathari,* cap. 128; cf. aussi A. Marinović, *loc. cit.*

[22]. « De faciente cartam falsam », *Statuta Cathari,* cap. 291 (« Volumus, ut qui cartam falsam fecerit et per idoneos et fidedignos ac probos viros probari poterit, perdat manum dexteram »); cf. etiam Liber Statutorum civitatis Ragusii ..., op. cit. liber VI, cap. 8,9; cf. aussi A. Marinović, *op. cit.,* p. 88.

[23] Acta e Diplomata, II, 392,446.

Shkodra *zudesi*, alors qu'à Tivar *honorabiles iuarati indices* en 1369 et *çudici* en 1372[25]. Ils étaient aussi les représentants du pouvoir exécutif, voire même des sortes d'ambassadeurs, qui représentaient la communauté à l'étranger[26]. Dans cette optique, le collège des magistrats recevait les attributs d'un gouvernement local, où les décisions devaient être prises à la majorité des voix, mais où le droit du souverain était expressément prévu dans les statuts[27].

La désignation du sceau de la ville, des unités de mesures et de poids faisaient partie des principales prérogatives appartenant aux organes municipaux. Elles étaient inaliénables. Chaque ville avait ses propres sceau, mesures et poids. Un fonctionnaire spécial était affecté tous les mois afin d'en vérifier l'exactitude. A Durres, les mesures et les poids autorisés portaient le sceau de la ville. Les statuts de Shkodra prévoyaient de lourdes sanctions pour ceux qui utilisaient de faux poids et mesures. A Durres, le sceau de la ville était apposé aussi sur les sacs de sel, dont la production était le monopole de la municipalité. A Shkodra, les lettres cachetées au sceau de la ville (*charta sigillata*) avaient valeur de document authentique, tout comme les actes notariaux.

La protection de la vie des habitants des différents dangers comme les épidémies, les attaques, les vols, les incendies, faisait l'objet de la législation dans les villes comme Durres, Shkodra, Tivar, etc., où les autorités dirigeantes

---

[24] I. Zamputi L. Maltezi, Dokumente për Historinë e Shqipërisë, të shekullit XV, (Documents pour l'Histoire de l'Albanie du XVe siècle), Tirana, 1987, n°427.

[25] AD, II, n, 260, 289, 1373 *si indices* AD, II, N, 314

[26] O. J. Shmidtt, art. cit. p. 82

[27] Les statuts de Shkodra, chap.2, p. 299.

gouvernantes de ces villes émettaient des ordonnances qui régulaient la construction des maisons, la décharge des déchets à des endroits précis ainsi que le déversement des eaux usées dans les canalisations et égouts appropriés. Les problèmes d'hygiène citadine se reflètent aussi dans les statuts de la ville de Shkodra.
Cependant, les conditions de vie, en particulier dans les quartiers populaires, demeuraient assez difficiles et les maisons construites en dehors des conditions sanitaires et d'habitation, les rues insalubres, l'absence de disposition de canalisation des eaux usées devenaient le foyer d'incendies et d'épidémies mortelles.

La sécurité de la vie citadine faisait aussi l'objet d'une réglementation gouvernementale dans des villes comme celle de Shkodra. Les statuts de Shkodra veillaient juridiquement sur les cas d'attaques et vols envers les habitants de la ville et leur propriété. Les statuts de Shkodra obligeaient les citadins qui se déplaçaient la nuit à garder la torche allumée afin d'être identifiés par les gardes de la ville. Si une personne se faisait prendre en se déplaçant sans torche « après le retentissement de la troisième cloche », elle se voyait alors accusée des vols survenus dans la ville la nuit même. Le 85e chapitre des statuts de Shkodra apporte la lumière sur l'engagement citadin pour les obligations militaires, qui est estimé pécuniairement à deux *groshe* si le citadin accomplit son service en tant que « *ustador* » (soldat) « *in hoste* » (en guerre) « *per comandamento de miser lo re* » et quatre *groshe* s'il est capitaine ; sinon, l'habitant de la ville qui ne répond pas à l'appel de la mobilisation pour la guerre est condamné à une amende de huit *perpere* et est contraint de payer proportionnellement aux dommages causés à la commune à cause de la guerre.

En ville était instauré un système régulier d'obligations envers la puissance centrale ou celle de la commune et il prenait forme à travers une série d'obligations pécuniaires, comme l'obligation de la terre *soku* et *obroku*, autrement appelée *akrostik*. Le système d'obligations s'étendait aussi à celui des mesures et des poids, au commerce développé dans la ville, à l'abattage du bétail, ou encore à la pêche en mer ou dans le fleuve, mais aussi à l'entretien et la rénovation des murailles protectrices de la ville.

La distinction économico-sociale, les rapports souvent hostiles avec la population des environs agricoles et avec les seigneurs féodaux, voire même avec le pouvoir central, entretenaient les conflits et les tensions continuels dans les villes médiévales albanaises, comme cela fut le cas aux XIVème-XVème siècles à Shkodra et Drisht, où la révolte fut globale en ville et dans les environs agricoles contre le pouvoir central étranger et les nobles locaux qui lui étaient associés. Mais, même lorsque les villes passèrent aux mains des seigneurs féodaux locaux, comme cela se produisit dans beaucoup de villes albanaises dans la deuxième moitié du XIVème siècle, les citadins ont résisté armés, comme dans le cas de la domination des Balshaj à Shkodra, à Tivar ou Vlora, des Topiaj à Durres ou des Dukagjin à Lezhe.

La structure gouvernante de la ville de Shkodra rejoint le schéma gouvernant de Venise. Ainsi, l'institution des « Sénats » équivalait, en tant que modèle presque au « Conseil » (*conseglio, conseio*) décrit dans les Statuts de Shkodra, mais était-ce une institution empruntée par les Vénitiens, ou inspirée des traditions locales des assemblées ? La réponse à cette interrogation est à chercher dans les conclusions du Pr. Aurel Plasari, qui, s'appuyant sur les indicateurs statutaires des villes-communes à autonomie relative, comme Kotor, Budva, Tivar, Ulcinj, Drisht, Durres et surtout sur les statuts de Shkodra, constate une différence importante concernant le modèle. « Il ne serait pas exact que le renouvellement des libertés des habitants des villes comme Shkodra, renouvellement qui résulte du déclin de l'administration impériale byzantine, soit assimilé à la vie urbaine développée en Occident presque au même moment » [28], conclut A. Plasari.

A la différence du Conseil de Venise et de ceux des villes dalmates, le Conseil de la ville de Shkodra était une institution sociopolitique ouverte et contrairement à Venise, Kotor et Tivar, où le Conseil n'était constitué que de nobles, à Shkodra ses membres étaient aussi choisis parmi les non-patriciens. Le phénomène vénitien de la « *Serrata* », où les familles nobles avaient pris le monopole du Conseil de ville, est aussi constaté dans les Statuts de Shkodra au début du XIVème siècle, mais, dans le cas de Shkodra, ces nobles, *zentilhomeni*, ne jouissaient d'aucun privilège particulier dans la constitution de la commune[29]. Ce schéma a fonctionné jusqu'en 1391, lorsque dans la composition du Conseil fut introduit un groupe plus fermé nommé secret (*conseglieri secreti*), qui administrait l'activité du droit[30]. Mais parallèlement à ce Conseil restreint, toujours après 1391, dans la commune de la ville de Shkodra, a toujours fonctionné l'Assemblée populaire, à une période où à Kotor (1361) et à Tivar (1372) l'institution de l'Assemblée fut supprimée en faveur du Conseil secret des patriciens[31]. Et même la

---

[28] A Plasari, *Vlera e një dokumenti të bukur* , (La Valeur d'un beau document), Gazeta Shekulli, 30.10.2002.
[29] St Sh, O. J. Shmidtt, p. 94.
[30] St, SH, chap. 270., Sufflay, *Stâdte und Burgen*, cit, p. 61.
[31] Sufflay, *Stâdte und Burgen*, cit, p.61.

primauté accordée aux personnalités étrangères à Venise, en les introduisant au Grand Conseil, ne servit pas de modèle à Shkodra ; par conséquent, la noblesse citadine du Conseil de Shkodra fut renforcée par les seigneurs féodaux locaux des familles féodales Jonima, Spani et Dukagjini[32].

Shkodra, tout comme les autres villes médiévales albanaises, se doit d'être encadrée historiquement dans l'espace d'une interaction politique, économique et culturelle entre l'Est et l'Ouest, où le modèle de l'Est se dirige vers son éclatement, mais où le modèle de l'Ouest aussi qui cherche à s'intégrer, inclut à son intérieur un héritage byzantin et slave. Justement, ce portrait de Shkodra médiévale, en tant que centre administratif important de l'Albanie du Nord, se dessine comme une ville ayant pour centre de gravité le château, avec une économie florissante et reliée à l'Adriatique par le fleuve Buna et ses ports Shirgj et Shengjin. La composition multicolore ethnique de la ville reflète elle-même ce mélange culturel, politique, administratif et juridique.

Le comte, comme figure directe de la représentation du pouvoir central, n'est pas évoqué largement dans les Statuts, où ses droits et devoirs ne sont pas énumérés et sa position administrative et juridique pas assez claire. Les seuls cas où sa fonction est évoquée sont ceux du prélèvement d'amendes, lorsqu'il prélève la moitié de la somme des amendes concernées, tandis que l'autre partie revient respectivement à la commune ou à la personne ayant subi le dommage. Sa position est plus claire dans les statuts de Kotor, où, selon Schmidt[33], avec la prise de fonction, il se soumettait à une cérémonie protocolaire, accompagnée du retentissement des cloches des églises de

---

[32] Cité d'après O. J. Schmidt, p.92.

[33] O.J Schmidt Art. cité p. 78.

la ville et prêtait serment sur l'Evangile de respecter le droit du pays et de bien gouverner.

La position administrative et juridique de la fonction du comte était réglementée spécifiquement par la réunion du Conseil de la commune, où étaient aussi déterminés la durée de son mandat, le personnel technique assistant, le personnel de service et de protection, ainsi que sa rémunération. Il en était de même pour sa fonction judiciaire et perceptrice, qui était déterminée par décision du Conseil. Dans les statuts de Kotor, le comte était assisté d'un *socius*, de six serviteurs et de six gardiens armés et recevait une rémunération de 1000 *hyperpere grossi*, en dehors des avantages en nature[34]. Le comte dirigeait l'administration et la justice, conjointement avec trois magistrats. Le contrôle et la levée d'impôts étaient assurés à Kotor par *kasneci*, *satniku*, et à Budva par un fonctionnaire judiciaire[35]. Le rapport pouvoir central-pouvoir local, dans le contexte historique de l'empire serbe, était un rapport formel, puisque le tsar Etienne Douchan avait fait de grandes concessions aux communes côtières de l'Adriatique. Cette pratique fut suivie par la suite par les Balshaj, qui désignaient eux-mêmes les comtes de Shkodra et Ulcinj, mais plus tard, Ulcinj étant le centre d'administration de leur principauté, le poste de comte fut ainsi supprimé en 1830, considéré comme inutile[36].

Hormis leur activité juridique, les magistrats à Shkodra avaient aussi d'autres tâches administratives et exécutives. Les magistrats et le conseil communal procédaient à la désignation du chancelier et du notaire, contrôlaient

---

[34] *Ibidem*

[35] *Ibidem.*

[36] Pertusi, *Per la storia di Dukagino,* cit. p.217, 226.

l'activité urbanistique de la ville, déterminaient le niveau des amendes faibles, dressaient le catalogue des articles alimentaires pour l'export, contrôlaient le système douanier et les registres des dépenses, étaient commandants de la défense de la ville, accueillaient les ambassadeurs du seigneur, et veillaient sur le sceau de la ville et la légalité des documents principaux. Toutes ces activités avaient lieu selon un calendrier établi, où le jour de repos de la semaine et ceux des fêtes religieuses étaient respectés[37]. Les magistrats jouissaient de davantage de compétence par rapport aux conseillers concernant la prise de décisions, notamment dans le domaine de la défense et de la représentation à l'étranger, mais formellement leur nombre était supérieur au conseil, rendant ainsi leur poids décisionnel plus important[38].

Avec le passage de la ville de Shkodra sous administration vénitienne au XVème siècle, le fonctionnement de la commune en tant qu'ethnicité politique fut faible, pour ne pas dire inopérant. Le fait même qu'entre 1393 et 1457 aucun ajout juridique n'ait été apporté aux statuts de Shkodra démontre les relations suspendues entre l'administration vénitienne et la commune de la ville. L'enregistrement des plaintes des habitants de Shkodra à l'administration centrale de la République de Venise présente un caractère revendicateur individuel et pas une contestation institutionnelle politique de la commune[39]. En 1396, l'année de l'aliénation politique de la commune sous administration vénitienne, l'entité de la commune se trouvait ignorée. Bien qu'en 1457 l'institution du conseil et des magistrats fonctionne[40], ils n'avaient pas de pouvoir

[37] Les Statuts de Shkodra, chapitres 89, 97, 113, p.325, 327, 332.
[38] Les statuts de Shkodra, chapitre 99, p. 328.
[39] Les statuts de Shkodra, O. J. Shmidtt, p. 96.
[40] Les statuts de Shkodra, chapitre 95, p. 326.

décisionnel politique, mais s'occupaient de la sphère civile. Après 1457 et jusqu'en 1461, les statuts de Shkodra ont subi cinq ajouts, dont trois directement liés à l'administration de Venise et non à l'institution de la commune de la ville. Les représentants de l'administration centrale vénitienne étaient désormais intégrés pleinement dans toute la hiérarchie de l'administration de la commune. La dépendance administrative de la commune s'accompagna de la dépendance économique et réduisit le champ de liberté citadine de la commune. Il en fut autrement de la ville de Durres en 1423[41] ou des villes-communes d'Ulcinj et Drisht[42], où la noblesse de ces villes réussit à faire un compromis avec la République de Venise pour davantage de liberté d'auto-administration.

L'institutionnalisation du pouvoir central dans tout le territoire du royaume serbe, par conséquent aussi dans l'unité administrative de la commune, était exercée par le roi qui représentait l'institution politico-administrative la plus importante et occupait le sommet de cette hiérarchie. Les statuts de Shkodra traitent précisément de la personnalité du roi, comme sujet légitime du pouvoir légal, exécutif et du droit. A travers les dispositions des statuts sont annoncées les compétences légales accordées au monarque, comme le droit d'accorder le séjour ou la citoyenneté aux étrangers dans le territoire de son royaume[43], prérogative tenant sa source de la justice et du pouvoir judiciaire[44], la conservation exclusive de seulement quatre domaines de jugement, et enfin le droit

---

[41] G. Valentini, *Appunti sul regime degli stabilimenti veneti in Albania nel secolo XIV e XV,* in "Studi Veneziani" VIII, 1996, p. 218, L. Malltezi, *Les villes de la côte,* p. 202.

[42] G. Valentin, *Appunti*, p.219.

[43] Les statuts de Shkodra, chapitre 1, p. 299.

[44] Les statuts de Shkodra, chapitre 2, p. 299.

de déclaration de guerre et de la proclamation de la mobilisation générale de ses citoyens[45]. On peut ainsi dire que le XIVème siècle a été la période d'application large des statuts sur toute la côte de l'Est de l'Adriatique , de Kotor à Shkodra, où le pouvoir du seigneur du territoire manifestait sa suprématie formelle, mais n'empêcha pas l'activité autonome des communes.

L'absence d'un critère de classification des normes des statuts ne constituait pas un manquement de ses rédacteurs, mais un déficit de la période de leur création, considérant les statuts comme un ensemble de normes juridiques qui devaient être respectées, sans les regrouper en normes de droit civil, pénal, public privé, etc. Un nombre considérable de dispositions (du 8e au 27e article) reflète la régulation juridique urbanistique de la ville, en mettant l'accent sur les critères juridiques de construction, le respect des espaces, celui de la propriété, les rapports avec le voisinage, le respect des normes de l'environnement et la juste administration du territoire, ainsi que la lutte contre les abus et les constructions illégales.

Le respect de l'environnement de la ville, la prévention écologique, hygiénique et sanitaire[46] démontrent une prise de conscience de l'attention de la commune par rapport à l'individu. La construction de statuts aux normes juridiques minutieuses et avec des obligations professionnelles et financières pour chaque métier, comme les cordonniers, menuisiers, forgerons, médecins[47], démontre que le schéma administratif et fiscal s'appliquait régulièrement dans la ville de Shkodra. La commune de

---

[45] Les statuts de Shkodra, chapitre 85, p. 323.
[46] Les statuts de Shkodra, chapitres 43-45, p. 311.
[47] Les statuts de Shkodra, chapitres 45-63.p. 311, 316.

Shkodra, tout comme ses égales côtières, organisait sa vie par un rapport mutuel de donneur-preneur, avec son environnement agricole et de l'élevage, d'où l'évocation détaillée dans les normes statutaires (57-84) de l'activité de ce domaine.

La personnalité et l'identité morale de l'individu sont considérées menacées sérieusement lorsqu'une personne s'adresse à un autre habitant de la ville/par l'offense « tu es un traître du roi » ou « de la commune ». La qualification de la personne par l'expression de « traître » constitue un acte grave immoral condamnable dans les Statuts[48] à une amende considérable, pouvant atteindre 500 *hyperpere*, au bénéfice du pouvoir central ou de la commune. La maximisation de cette peine démontre un rapport moral de l'individu avec l'Etat et la commune, où on exige de l'individu de l'intégrité et du dévouement envers l'unité citadine. Cette loyauté envers la ville-commune doit être saisie comme « sainte » et tout acte de trahison envers la ville est condamné à une triple peine ; confiscation de la propriété, peine capitale, décapitation et si le coupable s'enfuit de la ville, il en sera exclu à vie[49].

Le caractère général des normes pénales est lié à un large cadre juridique, où des sources de l'acte pénal deviennent divers facteurs, comme l'absence de connaissance complète de la loi, les espaces d'action, les acteurs agissant dans la réalisation de l'acte pénal, la responsabilité pénale, l'accusation et la défense juridiques. Dans ces statuts, divers cas pénaux spécifiques étaient prévus comme : l'homicide, la blessure, le vol, la falsification, etc., et les peines appropriées à ces actes

---

[48] Les statuts de Shkodra, chapitre 92, p. 325-326.
[49] Les statuts de Shkodra, chapitre 228, p. 365.

comme : l'amende, l'exclusion, l'emprisonnement, la saisie ou la peine de mort. Confrontée au droit coutumier, la vendetta (chapitres 224, 225, 246, 266) dans l'optique pénale des statuts de Shkodra ne constitue pas un mécanisme meurtrier, mais une compensation financière, où l'auteur de l'homicide doit s'acquitter d'une amende, cinq *perpere*, dont une moitié est attribuée au pouvoir central et l'autre à la victime, les statuts prévoyant même que, pour un homicide sans preuves, l'accusé peut être libéré des charges en présentant comme témoins douze *paronike* qui devaient prêter serment. Le dédommagement financier est beaucoup plus élevé dans le cas d'une blessure, où l'amende arrive jusqu'à cinquante *perpere*, motivée par la rémunération du médecin, les soins de santé et le dommage économique pour cause d'incapacité physique de la victime. L'offense de sa propre dignité, l'arrachement de la barbe de l'homme ou le retrait du bonnet (chapitre 239) avec violence physique sont sévèrement sanctionnés par les statuts avec une amende proportionnellement élevée de cinquante *perpere*.

Les chapitres 250, 252 et 253 traitent des dommages causés par les animaux sans garde, dans les champs plantés, les vignobles ou les jardins, où l'animal laissé libre pouvait être tué par le propriétaire de la terre ou du vignoble. En outre, les auteurs responsables de dommages sur les arbres fruitiers (chapitre 42), de vol dans les vignobles (chapitre 216), ou de l'incendie des olives (chapitre 205) sont désignés coupables par la procédure du serment.

Les statuts de Shkodra présentent le premier document juridique écrit sur la politique criminelle en Albanie et multiples valeurs concernant les principes sur lesquels ils se fondaient. Le caractère récidiviste du crime devait faire face à une augmentation de la peine pour l'auteur du vol et l'agresseur des fonctionnaires publics comme les magistrats, les notaires, les chanceliers, les hérauts. La falsification du sceau de la commune est notamment classée comme un acte grave pénal, dont l'auteur était stigmatisé à vie par la tache de honte et de mépris. Le droit pénal prévoyait comme condamnation la mutilation, l'emprisonnement et la peine de mort. C'est dans ce sens que doit être saisi le coupable de magie qui était flagellé et jugé publiquement « *in la luza* » tout en étant condamné à une amende de cinquante *perpere*.

Si une comparaison devait se faire entre la femme dans les statuts de Shkodra et celle du droit coutumier, on peut affirmer que la femme dans les statuts de Shkodra a été traitée avec davantage de lumière, et ceci parce que, dans le rapport moral et éthique dans la famille, son identité attire plus l'attention alors que sa position sociale et juridique dans les statuts de Shkodra est plus avancée que celle du droit coutumier, où elle tenait une place complètement inférieure et soumise à l'homme, aux niveaux individuel et public. S'appuyant sur le droit coutumier on peut dire que l'exercice de la capacité juridique dépendait du sexe et de la proximité de la personne avec la famille, la tribu ou le village. La limitation de la position de la femme est reflétée dans le domaine de la famille à travers le droit de succession, la propriété des biens immobiliers et des biens de valeur.
Dans les statuts de Shkodra aussi le droit de succession passait à la ligne masculine[50]. L'exclusion de la femme de la succession dans les statuts de Shkodra équivaut à une position économique forte de la femme à travers la dot. Même s'il est supposé que la fille n'hérite pas des propriétés du père, sa dot pouvait être assez abondante, en

[50] Les statuts de Shkodra, chapitre 162, p. 346.

incluant des biens immobiliers comme les vignobles, les maisons, les terres cultivables et d'autres territoires, en marquant ainsi une capacité juridique plus complète que dans le droit coutumier, où le droit de *selen* était une norme coutumière médiatrice qui reconnaissait à la femme le droit de disposer des biens qui lui ont été offerts, qui n'entraient pas dans le droit de succession[51].

Et lorsque ces biens deviennent siens, elle avait un contrôle complet sur sa dot et personne ne pouvait y toucher ou l'aliéner, y compris son époux. La position juridique est bien définie dans la famille, même dans les situations particulières. Ainsi, par exemple, les filles orphelines de père et de mère ont les mêmes droits de partager le patrimoine de leurs parents, ainsi que le droit de récupérer la dot de la virginité. Cette position avancée de la femme dans la famille dans les statuts de Shkodra par rapport au droit coutumier se manifeste aussi dans la gestion de la dot selon sa propre volonté[52], dans le droit de succession de la dot ou de son don comme donation religieuse[53], dans l'administration égale de la propriété commune dans la famille[54], etc. Mais cette position supérieure du droit écrit sur le droit coutumier, en ce qui concerne la femme, n'évoque pas une égalité sociale et juridique entre l'homme et la femme dans les statuts de Shkodra, qui se traduit par une différence de rémunération[55]ainsi que par le fait que, dans la vie publique, la femme n'était pas autorisée à se porter garante dans les procès judiciaires où elle était aussi limitée dans le dépôt de témoignage[56]. Elle pouvait représenter

[51] Les statuts de Shkodra, chapitres 43-44, p. 311.
[52] Les statuts de Shkodra, chapitre 165, p. 347.
[53] Les statuts de Shkodra, chapitre 196.
[54] Les statuts de Shkodra, chapitre 166.
[55] Les statuts de Shkodra, chapitre 62.
[56] Les statuts de Shkodra, chapitre 135.

publiquement la famille seulement en l'absence de l'époux, mais dans ce cas aussi elle était accompagnée au tribunal par un avocat[57]. En outre, dans les cas de viol de la femme, la condamnation à une amende dont la moitié était versée à la femme ne manifestait pas une sanction morale et juridique proportionnée de la société envers le coupable[58].
Les chapitres ajoutés au corpus d'origine des statuts de Shkodra sont associés aux différentes époques et aux différents régimes du pouvoir central. Ainsi, le chapitre 269, qui date de 1391, condamne les faux accusateurs à payer une amende jusqu'à cinquante *perpere* et aussi leurs défendeurs qui sont tenus de payer à la commune le double de cette amende. Le chapitre régule les rapports accusateurs entre les habitants de la ville, les habitants de la ville et leurs voisins dans les environs de la ville ainsi que les rapports entre les propriétaires de terres et leurs administrateurs. Le 274e chapitre datant de 1393 a non seulement une référence périodique mais il fixe aussi la période de changement du régime de royal à impérial, en dotant Etienne Douchan de l'attribut « *lo imperator Stephano* ».
L'apparition de l'Empire ottoman dans les Balkans poussa ces villes-communes dans des rapports plus étroits avec l'Etat de Venise, qui approuva de son côté cette stratégie politique de ces villes-communes, car il percevait en elles du potentiel militaire défensif. Dans cet environnement politique balkanique, face à la grande puissance impériale d'Istanbul, les Etats balkaniques fragmentés posaient le problème de l'union en alliances contre les Ottomans. Dans ce cadre historique face au danger ottoman, l'élite de Shkodra préféra l'administration vénitienne. Les derniers chapitres sont liés à la période de domination vénitienne

---

[57] Les statuts de Shkodra, chapitre 117..
[58] Les statuts de Shkodra, chapitres 200, 201, 202, 265.

dans la ville de Shkodra, et datent des années 1400. Ainsi, le chapitre 276 indique les tarifs des actes administratifs, le 277e établit les rémunérations des douaniers du sel et le chapitre 278 évoque les taxes à régler à la chancellerie de la ville pour les actes pénaux commis par les habitants de la ville, ainsi que les tarifs des honoraires des procureurs et des avocats pour les affaires civiles.

Finalement, après sept siècles, le monde scientifique rend à la ville de Shkodra la fierté et la gloire d'une ville qui s'autogouvernait et était administrée par les lois et normes juridiques reflétées dans ses statuts. Cette sorte de « constitution » médiévale qui marque la forme la plus élevée de la vie politique, juridique et administrative de la ville-commune de Shkodra est la première preuve écrite du droit positif autochtone et s'appliqua près de 150 ans, des années 1300 lorsqu'elle naquit et jusqu'en 1479, avec l'installation de l'Empire ottoman, mais elle constitue aussi le reflet de la civilisation méditerranéenne qui rayonna à cette période. Vue sous cet angle, ici donc, se situe l'importance exceptionnelle de la découverte et de la publication des statuts de Shkodra, puisqu'ils permettent de découvrir l'organisation et le fonctionnement de l'un des centres urbains les plus importants de l'Albanie au Moyen Age, comme ce fut le cas de Shkodra.

De la première moitié du XIVème siècle

Avec les ajouts jusqu'en 1469

PRIVILEGIUM ALEXANDRI MAGNI MACEDONIS EX GRECO ORIGINALI TRADOCTUM

Nos Alexander Philippi regis Macedonum, archos monarchiae figuratus, imperii Graecorum inchoator, magni lovis filius, per aremathum alloqutor Bragmanorum et arborum solis et lunae, conculcator Persarum ac Medorum regnorum, dominus mundi ab ortu solis usque ad occasum, a meridie usque ad septentrionem, illustri prosapiae Illyricorum populorum Dalmatiae, Lyburniae ceterarumque eiusmodi idiomatis et linguae gentium ad Danubium et medias regiones Trhaciae incolentium gratiam, paces atque salutem a nobis et successoribus nostris in gubernatione mundi succedentibus. Quoniam semper nobis affuistis in fide veraces, in armis strenui nostri coadiutores bellicosi atque robusti, damus atque conferrimus vobis lebere et in perpetuum totam plagam terrae ab aquilone, usque ad fines Italiae meridionales ut nullus audeat ibi manere aut reridere seu ibi locare nisi vestrates; et si quis ibi alius inventus fuerit manens, sit servus vester, et posteri sint servi posterorum vestrorum. Datum in civitate nova nostrae fundationis Alexandrinae, fundata super magno Nili flumine. Anno XII regnorum nostrorum, arridentibus magnis diis Iove, Marte, Plutone et maxima dea Minerva. Testes huiusemodi rei sint

Athleta illustris logotica noster et alii principes undecim, quos nobis sine prole decedentibus, relinquimus nostros heredes ac totius orbis.

Alexander Magnus Macedo fuit ante adventum Christi 325, anno vero mundi 4874.

PRIVILEGE D'ALEXANDRE LE GRAND DE MACEDOINE

Traduit de l'original en grec ancien

Moi, Alexandre, fils de Philippe, roi des Macédoniens, représentant de la monarchie, créateur de l'Empire grec, fils du grand Zeus, interlocuteur des Brahmanes et des arbres, du soleil et de la lune, triomphateur sur le royaume des Perses et des Mèdes, Dieu du monde du lever jusqu'au coucher du soleil, du Nord au Sud, descendant de la célèbre famille des peuples illyriens de Dalmatie, Libournie, et des autres peuples de la même langue qui peuplent le Danube et la zone centrale de Thrace, je vous apporte l'amour, la paix et mes salutations ainsi que celles de tous ceux qui me suivront dans la domination du monde. Etant donné que vous m'avez toujours démontré votre fidélité, votre puissance et invincibilité dans les batailles menées à mes côtés, je vous donne et remets sous votre libre autorité tout l'espace d'Aquilonia et jusqu'au bord de l'Italie du Sud. Que personne d'autre que vous n'ose s'installer et rester sur ces lieux, et tout étranger qui sera trouvé pourra rester qu'en tant que votre esclave, et ses descendants seront les esclaves de vos descendants.

Ecrit dans le château de la ville d'Alexandrie, fondée par moi-même au bord du lac grandiose du Nil, en l'an XII. Avec la volonté des dieux qui sont honorés dans mes royaumes, Zeus, Mars, Pluton, et Minerve, déesse des dieux. Témoins de cet acte sont Athlet, mon logothète, et onze autres princes, que je nomme comme mes héritiers et du monde entier, puisque je me meurs sans laisser de descendance.
Alexandre le Grand de Macédoine, en l'an 325 avant Jésus-Christ, ou autrement connu comme l'année 4874.

De la liberté des étrangers de venir et s'installer dans notre ville.
Chapitre 1.

Si quelqu'un voulait s'installer dans notre ville, que cette personne soit proche du roi ou d'un notable, elle doit seulement servir à notre commune et à personne d'autre. Dans le cas où un de nos citoyens, soit slave soit arberesh, essaierait de se l'approprier, il payera au roi 50 *hyperperë*, tandis que l'étranger sera laissé libre et tranquille. Tous les citoyens de notre commune doivent protéger les nouveaux arrivants de toutes les manières.

Des cas où le roi rend justice.
Chapitre 2.

Tous les cas judiciaires qui adviennent dans la ville et qui concernent les citoyens, les Slaves, les Arberesh et les étrangers de toutes sortes, le roi confie le jugement aux magistrats. Il est fait exception de quatre cas que le roi juge lui-même qui ont à voir avec la trahison, le meurtre du valet, de la servante et du cheval.

De la période quand les personnes sont convoquées au tribunal.
Chapitre 3.

Avec la volonté de Sa Majesté, nos citoyens convoqués au tribunal avec une convocation sur papier et scellée ne sont pas obligés de se présenter dans la période de la fête de Saint Stéphane jusqu'à la fête de Saint Shirgjit. Désormais, ils doivent se présenter. Ils doivent aussi se présenter au tribunal avec le début des réunions et jusqu'à la fête de Saint Stéphane. Le jour de Noël il n'y a pas de jugement.

Les statuts doivent être en deux exemplaires.
Chapitre 4.

Avec l'ordre de la commune et selon les dispositions du Statut il doit exister deux Statuts avec le même contenu. Un doit être gardé dans la trésorerie de la commune, et l'autre au tribunal qui servira pendant le procès.

Des personnes qui ne connaissent pas les normes statutaires.
Chapitre 5.

Si un citoyen ou un étranger essaye de se justifier en prétextant qu'il ne connaît pas les dispositions du Statut, cette excuse ne doit pas être prise en compte et la personne en question doit purger la peine selon la faute.

Des actes antistatutaires.
Chapitre 6.

Les actes en contradiction avec les Statuts sont considérés comme nuls et non avenus.

De la fête de Saint Stéphane.
Chapitre 7.

Avec la volonté de Dieu et de notre protecteur Saint Stéphane nous ordonnons que pour une période de six jours, trois jours avant et trois jours après sa fête, les étrangers qui viennent dans notre ville spécialement pour cette fête, soient laissés tranquilles et imperturbés. Celui qui s'en prendra à eux sur notre territoire ou nos contrées est puni à 50 *hyperpere*.

De la construction de la maison.
Chapitre 8.

Dans le cas où quelqu'un a l'intention de construire une maison en pierre ou de bois sur un terrain où il n'y a pas eu de construction auparavant, il doit appeler le magistrat et encercler l'endroit avec un mur ou une clôture. Il doit rester un espace de deux pas à partir de l'encerclement. S'il n'entame pas les travaux il doit payer à la commune 20 *hyperpere* tout en perdant le terrain. Ces actes doivent être accomplis par acte notarié.

Des maisons reconstruites.
Chapitre 9.

La personne qui commence à travailler et réparer la maison héritée des parents ou donnée en dot, qu'elle soit en pierre ou de bois, peut continuer les travaux jusqu'à leur fin, si dans un délai de trois jours à partir du début des travaux il n'y pas de plainte déposée.

Comment se résolvent les litiges dans le cas de réparation d'une maison.
Chapitre 10.

Si quelqu'un souhaite reconstruire une maison dans le but d'une vente ou d'un échange, il doit être en possession d'un document notarié ou d'une garantie valide ; si dans un délai de trois jours à partir du début des travaux il n'y a aucune plainte déposée, il peut continuer paisiblement les travaux.

Des entrées des maisons.
Chapitre 11.

Il est permis que dans l'habitation il y ait autant d'entrées que de personnes et il ne peut y avoir de plainte sur cela.

Il est interdit l'emplacement de la porte en face du voisin.
Chapitre 12.

Il est interdit l'emplacement de la porte d'entrée, de la cave ou de la fenêtre en face du voisin, sauf pour les cas où la porte ou la fenêtre ne peut être placée de l'autre côté. Le contrevenant sera condamné à une amende de 12 *dinare*, qui seront versés de moitié en faveur du comte et l'autre moitié en faveur de la commune.

De l'escalier.
Chapitre 13.

Les escaliers ne peuvent être construits là où n'ont pas été prévus initialement les fondements nécessaires pour une telle chose, sauf dans le cas où le propriétaire a laissé l'espace suffisant pour la construction de l'escalier dans un deuxième temps. Une telle chose doit être prouvée avec un document notarié. Ceux qui iront à l'encontre de cette disposition se verront interdire la construction de l'escalier et seront condamnés à une amende de 8 *hyperpere*, somme divisée entre le comte et le requérant.

Des fondements.
Chapitre 14.

Si quelqu'un fait la trouvaille de fondements de maison ou d'escalier dans les limites de son territoire, ils seront considérés comme sa propriété.

Des fenêtres qui donnent sur les voisins.
Chapitre 15.

Quiconque peut construire une fenêtre au-dessus de la maison du voisin pour jouir de la lumière, mais en aucun cas cette fenêtre ne peut être utilisée pour jeter les ordures ou placer une couverture de bois sur la maison du voisin. Le contrevenant sera condamné à une amende de 12 *hyperpere* et au murage de la fenêtre. La fenêtre doit être fermée aussi dans le cas où le voisin décide d'ériger un étage au-dessus de sa maison.

De la pose des fondements.
Chapitre 16.

Si une personne est surprise la nuit ou le jour en posant les fondements illégaux d'une maison ou d'un escalier et si cet acte peut être prouvé légalement, le contrevenant est condamné à une amende de 8 *hyperpere*, partagée par moitié entre le comte et le requérant.

Du mur et de la clôture entre deux maisons.
Chapitre 17.

Si une personne souhaite ériger un mur en pierre ou une clôture de bois entre sa maison et celle du voisin, les frais doivent être répartis entre les deux parties. Si les fondements ne sont pas posés, chaque partie doit accomplir sa propre moitié de la tâche. S'il existe d'anciens fondements et si l'une des parties peut prouver avec des documents que les fondements lui appartiennent, ceux-ci seront considérés comme tels et l'autre partie devra rembourser la moitié de leur valeur. Si une des parties est pauvre et ne peut construire ledit mur ou ladite clôture, alors l'autre partie qui a les moyens peut les construire, tandis que le voisin lui sera redevable de la moitié des frais de la construction du mur ou de la clôture à la hauteur de sa maison. Si l'une des parties souhaite élever le mur plus haut que la maison du voisin, elle doit le faire à ses propres frais. Si l'autre partie souhaite aussi l'élévation du mur séparateur, elle doit faire face à la moitié des dépenses. Le voisin qui n'a pas les moyens de payer les travaux ne doit pas vendre les propriétés de son patrimoine mais il doit lui être fixé un délai dans lequel il pourra réunir les fonds et ce délai devra être fixé par le juge.

Du mur qui descend de haut en bas.
Chapitre 18.

Si entre deux maisons se trouve un mur qui monte ou descend en pente, le mur appartient aux deux parties, sauf lorsqu'une partie peut prouver que le mur lui appartient entièrement. Cela vaut aussi pour le mur qui sépare de manière transversale deux maisons. Le mur doit appartenir à la maison de la partie supérieure, sauf lorsque la maison inférieure peut prouver que le mur ou une partie du mur lui appartient. En conclusion il est décidé en fonction de ce qu'attestent les preuves.

Du mur qui risque de s'effondrer.
Chapitre 19.

Si dans notre ville est aperçu un mur qui risque de s'effondrer et que l'on trouve à qui il appartient, les juges doivent ordonner à la personne concernée, le propriétaire du mur, de le réparer et si cela n'est pas possible, de le détruire, de façon à ce qu'il ne cause de dommage à personne. Si le propriétaire concerné refuse de détruire le mur, alors cela peut être effectué par le juge aux frais du propriétaire du mur. Outre ceci, le propriétaire est condamné à une amende de 8 *hyperpere*, partagée par moitié entre le comte et la commune.

Des objets entre les maisons.
Chapitre 20.

S'il s'agit d'une copropriété des espaces entre les deux maisons et aucune des parties ne peut fournir la preuve de propriété, chacune d'elles continuera à posséder comme auparavant, que ce soit sur terre et sous terre, la partie qu'elle a possédée avant.

De l'évacuation des eaux.
Chapitre 21.

Il est interdit l'évacuation des eaux sur le toit du voisin, ce qui l'endommagerait. Dans ce cas, on agit comme autrefois. Si quelqu'un va à l'encontre, il doit payer une amende de 12 *grosh* de Sklavonie, dont la moitié est versée au comte et l'autre moitié au requérant.

De l'espace entre deux maisons.
Chapitre 22.

Le terrain qui se trouve sous les deux maisons doit appartenir à la maison supérieure et si la maison inférieure a un escalier, ce dernier doit être découvert. S'il n'y a pas d'escalier, il doit y être laissé une partie libre pour l'évacuation des eaux, sauf dans le cas où la maison inférieure peut prouver que le terrain est le sien.

De la séparation d'espace entre les maisons qui se trouvent l'une sur l'autre.
Chapitre 23.

L'espace entre deux maisons bâties l'une sur l'autre doit être partagé par moitié, sauf dans le cas où l'une des parties prouve qu'elle a acheté cet espace. Si elle souhaite construire un porche ou un balcon dans cet espace, elle peut le faire, mais elle doit élever le mur suffisamment haut pour ne pas endommager les voisins et la commune. Celui qui agit à l'encontre de cet ordre doit payer une amende de 12 *grosh* de Sklavonie et son travail se verra défait.

Des ordures.
Chapitre 24.

Nous ordonnons que personne ne jette les ordures de la fenêtre, du balcon ou de la cave, sur la voie publique ou quelconque autre lieu de passage de notre ville. Les contrevenants seront condamnés à une amende de 12 *grosh*, partagée par moitié entre le comte et la commune.

De la terre des fondements.
Chapitre 25.

Nous ordonnons qu'aucun de ceux qui construisent une nouvelle maison ou qui réparent l'ancienne, ne jette sur la voie la terre issue du creusement des fondements ou de la cave. Celui qui agit à l'encontre de cette disposition doit payer une amende de 4 *hyperpere* de Sklavonie, dont la moitié est versée au comte et l'autre moitié à celui qui dénonce le fait. Outre cela, le contrevenant doit déplacer la poussière de la terre des fondements en dehors de la voie de la ville.

De la location de la maison.
Chapitre 26.

Lorsque la maison est mise en location pour une durée d'un an ou de quelques mois, nous ordonnons que le propriétaire n'exclue pas le locataire avant la fin du délai, sauf dans le cas où il décide d'habiter lui-même dans la maison avant la fin du contrat : mais dans un tel cas le locataire exclu avant la fin du délai n'est pas tenu de verser un paiement. Mais si le locataire quitte la maison avant la fin du contrat et contre la volonté du propriétaire, alors il est tenu de payer pour la totalité de l'année. Le locataire doit rembourser tout dégât si l'on prouve qu'il a été causé par lui : si la maison nécessite une quelconque réparation, elle est à la charge du propriétaire, si ce dernier refuse, alors le locataire doit se plaindre auprès du juge, qui doit ordonner au propriétaire de prendre en charge les travaux. Mais si ce dernier ne se soumet pas, alors le locataire assumera lui-même les travaux en soustrayant les dépenses au loyer.

De la prise à bail.
Chapitre 27.

Nous ordonnons que si une personne demande à son voisin une maison en location, ce dernier ne la loue à personne d'autre, mais au voisin en question et au même montant qu'il l'aurait louée à toute autre personne. Cela vaut si l'accord est valable avant la fin de l'année et s'il y a d'autres prétentions sur cette habitation. Mais si au premier jour de la nouvelle année, le voisin ne manifeste aucun intérêt pour la maison, le propriétaire est libre de la louer à qui il souhaite, de cette manière, le voisin perd le droit de faire valoir toute prétention sur la maison jusqu'à la fin de l'année.

Du moulin.
Chapitre 28.

Lorsque c'est au tour du propriétaire pour la mouture, il n'est pas obligé de donner au meunier ou à la meunière du blé, de la farine ou autre. Si le meunier ou la meunière, puisqu'ils n'ont rien pu tirer de lui, tentent de causer un dommage au propriétaire en endommageant le moulin, ils seront condamnés à une amende de 12 *grosh* de Sklavonie, dont une moitié sera versée au comte et l'autre moitié au requérant. Les coupables régleront en une fois le dommage causé au propriétaire.

Du boulanger.
Chapitre 29.

Le boulanger doit garder pour lui-même comme indemnisation de travail pas plus de quatre pains pour chaque remplissage. Ceux qui agissent différemment doivent être condamnés à une amende de 12 *grosh*, la moitié pour le comte et l'autre moitié pour le requérant.

Des auberges.
Chapitre 30

Nous ordonnons que personne dans notre ville ou ses environs n'exerce le métier d'aubergiste. Celui qui ira à l'encontre de cette disposition sera condamné à une amende de 50 *hyperpere* de Sklavonie, dont une moitié est versée au comte et l'autre à la commune.

De la plantation des vignes.
Chapitre 31.

Toute personne souhaitant planter des vignes sur ses terres est libre d'agir. Toute requête doit être présentée dans un délai de huit jours quand le requérant se trouve en ville, dans un délai de trois mois lorsque le requérant se trouve en dehors de la ville, et un délai d'un an quand il se trouve en dehors du royaume. Passé ces délais, personne n'a le droit de formuler de requête, même sur présentation d'un droit de propriété ou autre document.

Des constructions sur la place.
Chapitre 32.

Pour toute nouvelle construction avec des fenêtres ou porche dans la place ou les rues principales, les habitants doivent en faire la demande et s'en tenir avec probité à nos lois.

Le partage de la récolte des vignobles plantés en terre d'autrui.
Chapitre 33.

Chacun est libre de donner sa terre à l'autre pour la transformer en vignoble ; le partage de la récolte doit être fait comme il a été convenu dans l'accord fait à cette intention. Si l'usufruitier plante des oliviers, il est tenu de donner au propriétaire la moitié de la récolte ou la quantité qui a été convenue entre eux. Si l'usufruitier de la terre souhaite vendre pour un certain temps la part de sa récolte, il ne doit conclure de vente avec personne d'autre que le propriétaire et avec honnêteté en demandant le même montant qu'il aurait exigé des autres. Si le propriétaire de la maison ne souhaite pas acheter la récolte, celle-ci peut être vendue à quiconque s'intéresse à l'achat. Si les vignobles ne sont pas plantés dans le terrain, selon l'accord, il est restitué au propriétaire qui l'a donné en usufruit pour plantation.

Du travail du vignoble à bénéfice partagé par moitié.
Chapitre 34.

Si une personne accepte de travailler dans un vignoble à bénéfice partagé par moitié, elle est obligée d'assurer elle-même les services nécessaires au vignoble. La vendange doit être faite en présence du propriétaire. Si l'employé n'assure pas comme il le faut les services au vignoble, le travail qu'il aura effectué ne lui sera pas reconnu et il devra payer sa part en s'appuyant sur la récolte réalisée dans le champ bien labouré par un de ses voisins. La récolte du raisin doit être confiée à celui qui accepte d'être payé à partir de 12 *denare* et plus.

De ceux qui ne travaillent pas honnêtement.
Chapitre 35.

Lorsqu'un employé tente d'échapper à son travail, son employeur, quand il s'agit d'évaluer le travail au soir, le fait savoir à l'employé et ce dernier est tenu d'accomplir le travail inachevé le lendemain. S'il n'accepte pas de faire une telle chose, il devra s'acquitter d'une amende de 12 *grosh* de Sklavonie et en même temps il devra accomplir le travail inachevé.

Du bas salaire.
Chapitre 36.

Tous ceux qui souhaitent travailler dans un vignoble, un champ, une maison ou autre, sont tenus de bien travailler et de mener leur travail jusqu'au bout, comme il est convenu dans l'accord conclu avec l'employeur ; s'il est observé que l'employé a failli à son devoir en ne le menant pas jusqu'au bout ou en ne l'effectuant pas comme il le fallait, nous ordonnons qu'il perde la totalité de son salaire et qu'il s'acquitte du dommage subi par le propriétaire. En outre, il sera condamné à une amende de 12 *grosh* de Sklavonie, dont une moitié est versée au comte et l'autre au propriétaire.

Du terrain.
Chapitre 37.

S'agissant du terrain se trouvant entre deux vignobles, deux champs ou jardins, nous ordonnons qu'il appartienne au propriétaire du vignoble, champ ou jardin se trouvant dans la partie supérieure, sauf lorsque le propriétaire de la partie inférieure prouve avec un titre de propriété que la parcelle est la sienne.

Des glissements de terrain et de la chute de pierres.
Chapitre 38.

Dans le cas d'un glissement de terrain ou d'une chute d'un mur sur la terre du voisin, la personne ayant subi le dommage doit poursuivre en justice le propriétaire du terrain où a eu lieu le glissement et exiger qu'il enlève la terre ou les pierres tombées sur son terrain. Si le propriétaire en question ne se soumet pas dans le délai imparti par le juge, la terre et les pierres deviennent la propriété du propriétaire du terrain sur lequel elles sont tombées, et il peut les mettre en dehors des limites de sa propriété.

De la construction des monuments funéraires.
Chapitre 39.

Si une personne souhaite construire un nouveau monument funéraire, elle peut le faire sur son terrain et doit laisser un espace d'une paume de main de son côté, que le voisin ne doit d'aucune manière travailler et ni s'approcher du monument funéraire avec des travailleurs. Celui qui agit à l'encontre de cette disposition est condamné à une amende de 12 *grosh* de Sklavonie, dont une moitié est versée au comte et l'autre au requérant.

De la plantation des arbres.
Chapitre 40.

Quiconque le souhaite peut planter des arbres fruitiers dans ses terres, mais pas plus près qu'un pas du terrain ou vignoble du voisin. S'il agit autrement, le voisin a le droit sous ordre du juge de couper les arbres en question. Outre cela, le contrevenant est condamné à une amende de 12 *grosh* de Sklavonie, partagée par moitié entre le comte et le requérant.

De toutes les sortes d'arbres.
Chapitre 41.

S'agissant des arbres fruitiers plantés près du terrain ou du vignoble du voisin : en premier lieu, pour l'arbre à noix, les noix tombées sur la terre du voisin sont partagées par moitié entre le propriétaire de l'arbre et le propriétaire de la terre sur laquelle elles sont tombées ; les poires tombées appartiennent toutes au voisin, mais ni l'un ni l'autre n'a le droit de cueillir les branches tombant sur la terre du voisin. Cette règle vaut pour tout arbre fruitier, à l'exception de l'olivier : en fait, le propriétaire d'un olivier a le droit de ramasser toutes les olives tombées sur le terrain du voisin. Si le propriétaire du terrain sur lequel les olives sont tombées souhaite couper les branches qui pendent sur son terrain pensant qu'elles lui portent préjudice, il peut le faire, à partir d'une distance d'environ un mètre. L'olivier fait exception et ne peut être coupé.

De l'abattage de troncs.
Chapitre 42.

S'il est prouvé par témoignages sûrs que quelqu'un a abattu ou brûlé intentionnellement l'olivier d'autrui, le coupable est condamné à une amende de 50 *hyperpere* de Sklavonie, partagée par moitié entre le comte et la personne qui a subi le dommage. Si l'on ne parvient pas à prouver, la personne qui a subi le dommage fait le serment avec six témoins. Si quelqu'un est surpris en coupant la vigne d'autrui, il paye la même amende et aussi le dommage. Pour l'abattage de tout autre tronc fruitier, le coupable doit verser 2 *hyperpere* au comte et au propriétaire et doit aussi s'acquitter du dommage.

Des terres données en usufruit.
Chapitre 43.

Si une personne décide de donner en dot ou de vendre des vignobles et des champs auparavant donnés à bail ou maisons données à bail, elle ne peut le faire qu'après un an, à la fin du contrat avec l'usufruitier.

De la dot.
Chapitre 44.

Si une personne a donné en dot des vignobles travaillés ou champs labourés en ne s'exprimant pas sur l'appartenance des fruits, nous ordonnons que même en absence de la preuve écrite, le bénéficiaire puisse jouir de ces derniers.

Des champs exploités à bénéfice partagé par moitié.
Chapitre 45.

Si une personne décide de travailler un champ à condition qu'elle partage la production avec le propriétaire, elle est tenue de bien travailler le terrain en question. Si elle agit autrement, la quantité de la production qu'elle doit remettre au propriétaire doit être calculée sur la base de la production réalisée par un de ses voisins, possédant la même qualité de terrain, mais l'ayant convenablement travaillé.

Des champs exploités à bénéfice partagé par moitié.
Chapitre 46.

Si une personne n'étant pas en état de labourer elle-même son terrain décide de le donner à une autre personne, contre le partage de la récolte, elle doit renoncer à la propriété du terrain pendant toute la durée du cycle de production, de la plantation jusqu'à la récolte, si elle reprend le champ au travailleur avant le délai, elle est tenue de payer pour le dommage 4 *hyperpere* de Sklavonie, à partager par moitié entre le comte et le requérant, entre-temps elle doit aussi s'acquitter de tout le dommage causé. Mais si celui qui prend le champ pour le travailler ne fait pas une telle chose, c'est à lui qu'il incombe de s'acquitter de l'amende ci-dessus et du dommage causé au propriétaire, sauf dans le cas où ses bœufs meurent, lui sont volés ou quand il décède lui-même.

De l'ouverture d'un canal d'eau.
Chapitre 47.

Si une personne souhaite creuser un canal d'eau pour ses champs, elle doit procéder selon la vieille coutume. Dans le cas contraire, elle doit payer une amende de 12 *hyperpere* de Sklavonie, dont une moitié est versée au comte et l'autre moitié au voisin ayant subi le dommage. Outre l'amende, elle doit aussi s'acquitter du dommage causé.

Des fosses.
Chapitre 48.

Quiconque envisage de creuser une fosse dans son terrain il doit laisser une bande de sa terre entre la fosse en question et le terrain du voisin et, s'il le souhaite, il peut y construire une haie, il peut procéder de cette manière pour les autres fosses déjà creusées, en les retravaillant, comme il était d'usage.

Du travail malhonnête.
Chapitre 49.

Si une personne subit un dommage à cause du mauvais travail d'un maître et est en mesure de prouver une telle chose, ce dernier doit lui verser 12 *hyperpere* pour le dommage et s'acquitter complètement du dommage causé.

Des maîtres menuisiers.
Chapitre 50.

Concernant les maîtres menuisiers, nous ordonnons qu'aucun d'entre eux ne puisse bénéficier d'un salaire journalier de plus de trois *grosh* de Sklavonie, ainsi que d'une quantité suffisante d'alimentation. A partir du jour de Saint Serge fin septembre et au-delà, qu'ils soient payés 12 *grosh*. Le contrevenant à cette disposition sera condamné à une amende de 12 *grosh*, à partager par moitié entre le comte et le requérant. Mais avec cette condamnation, le droit d'exercer sa profession n'est pas retiré au maître en question.

Des cordonniers.
Chapitre 51.

Il est permis aux maîtres cordonniers de demander pas plus de 5 *grosh* pour le rebouchage d'une grosse fissure, et pour des fissures plus petites 1 *grosh.* En plus de cela, qu'ils gardent 1 *grosh* pour la couture et le tannage, une demi-*grosh* pour le ressemelage, pour la pose de la partie supérieure et du talon. Ceci vaut pour les chaussures avec un cuir épais. Concernant les chaussures en cuir de chevreau, pour le ressemelage et la pose de la partie supérieure sont demandés 8 *folere*, où l'on inclut aussi la semelle de lin. Les contrevenants sont condamnés à une amende de 2 *hyperpere*, 1 pour le comte et 1 pour le requérant.

Des forgerons.
Chapitre 52.

Nous ordonnons que les forgerons n'exigent pas plus de 5 *grosh* pour une nouvelle bêche, où l'on inclut aussi le prix du charbon, et pour toute nouvelle houe 2 *grosh* et demie. Pour l'aiguisage de la houe on peut exiger 1 *grosh* tandis que pour son polissage seulement 12 *folere.* Pour le polissage de la bêche peuvent être demandés 20 *folere*. La rémunération s'élève à 1 *grosh* et demie pour la remettre en état de marche comme avant afin de détacher les mottes. Pour l'aiguisage de chaque outil est versée la somme de 15 *folere*, pour la trempe 1 *grosh* ainsi que pour l'approvisionnement en charbon. Le contrevenant est condamné à une amende de 3 *hyperpere* partagée par moitié entre le comte et le plaignant.

Des maîtres de chaque métier.
Chapitre 53.

Il est ordonné que tout maître de chaque métier doive mener à terme le travail entamé et qu'il n'accepte pas d'autres commandes pendant cette période. Celui qui contrevient à cette disposition doit régler une amende de 2 *hyperpere*, dont 1 *grosh* est versé au comte et 1 autre au requérant.

De la couverture des toits.
Chapitre 54.

Le maître qui construit le toit d'une maison ne doit pas exiger plus d'1 *grosh* par jour comme rémunération et doit avoir une alimentation raisonnable. Les contrevenants seront condamnés à une amende de 12 *grosh*, dont une moitié est versée au comte et l'autre au requérant.

Du médecin.
Chapitre 55.

Nous ordonnons qu'un médecin qui accepte de prendre soin d'un malade ne l'abandonne pas avant de l'avoir soigné, sauf s'l est appelé par le roi. Celui qui contrevient est redevable de la somme de 8 *hyperpere*, partagés par moitié entre le comte et le requérant.

Des privilèges du notaire et d'autres officiels.
Chapitre 56.

Les maisons de tous ceux qui sont nommés notaires (l'huissier ou l'officier judiciaire) de notre commune le jour de la fête de Saint Stéphane ne sont pas redevables envers cette dernière et sont exemptées de toute taxe.

Des agriculteurs.
Chapitre 57.

Un agriculteur ne peut exiger plus de 2 *grosh* par jour, incluant aussi une alimentation suffisante. S'il travaille jusqu'à tard le soir, la nourriture lui sera apportée à l'endroit de son travail. Ceux qui ne respecteront pas cette disposition seront condamnés à une amende de 12 *grosh*, partageable par moitié entre le comte et le plaignant.

Des tailleurs d'arbre.
Chapitre 58.

Un tailleur d'arbre ou un viticulteur ne peut être rémunéré plus d'1 *grosh* de Sklavonie par jour, la nourriture suffisante comprise. Si la nourriture n'est pas comprise, il recevra un salaire de 2 *grosh* par jour. Celui qui agit autrement et endommage le travail effectué est tenu de verser 12 *grosh* partagés par moitié entre le comte et le requérant.

Des limeurs.
Chapitre 59.

L'ouvrier qui lime ne peut exiger plus de 2 *grosh* de Sklavonie par jour, sauf dans le cas d'une alimentation insuffisante. S'il n'est pas nourri, le salaire journalier est de 3 *grosh*. Les contrevenants doivent s'acquitter d'une amende de 12 *grosh*, partagée par moitié entre le comte et le requérant.

Des rameurs.
Chapitre 60.

Pour chaque jour de travail l'ouvrier n'est pas rémunéré plus d'1 *grosh*, hormis une quantité suffisante de nourriture. Les contrevenants sont condamnés à une amende de 12 *grosh*, partagée par moitié entre le comte et le requérant.

Du vendangeur.
Chapitre 61.

Pour chaque jour de travail le vendangeur est payé pas plus de 10 *folere* et reçoit une nourriture suffisante. Les contrevenants sont condamnés à une amende de 12 *grosh*, partagée par moitié entre le comte et le requérant.

Du cueilleur de la récolte.
Chapitre 62.

Le moissonneur ou le cueilleur ne peut être payé plus de 3 *grosh* de Sklavonie par jour, il en est de même pour le batteur. S'il s'agit d'une femme, elle doit être payée par la somme de 2 *grosh* comme salaire journalier. Le contrevenant est condamné à une amende de 12 *grosh*, c'est-à-dire 6 *grosh* pour le comte et 6 *grosh* pour le dénonciateur.

De la récolte de l'herbe et des épis.
Chapitre 63.

Il est interdit la cueillette de l'herbe et des épis dans les champs semés les plus anciens avant l'achèvement complet de la récolte. Le contrevenant est condamné à une amende de 12 *grosh*, partagée par moitié entre le comte et le requérant.

Des unités de mesure du poids et de la longueur.
Chapitre 64.

Les unités de mesure du poids et de la longueur doivent être les mêmes sur notre sol. Si quelqu'un est surpris avec des unités hors standard, il sera condamné à une amende de 8 *hyperpere* de Sklavonie. Si une personne exerce le métier de contrôleur sans être mandaté par la commune ou si une autre personne chargée de cette fonction ne la remplit pas dûment, c'est-à-dire qu'elle ne contrôle pas tous les mois les unités de mesure, elle est redevable de la même amende, au profit du comte et de la commune. Les juges doivent s'assurer qu'à une telle fonction soit désignée une personne intègre.

De la douane des abattoirs.
Chapitre 65.

Les bouchers doivent payer tous les soirs la douane de l'abattoir qui vaut 2 *grosh* de Sklavonie pour chaque bœuf ou vache, 1 *folar* pour un porc, une demi-*grosh* pour une brebis, 2 *grosh* pour un buffle. Celui qui ne procède pas au paiement au soir est condamné à 12 *grosh.* Le dénonciateur qui n'intente pas d'action chez le juge le lendemain au soir n'est plus crédible. Quoi qu'il en soit, il doit prêter serment pour son action devant les juges. Cette même amende sera appliquée à ceux qui égorgent une bête pour le marché ailleurs que dans un abattoir.

De la vente de la viande au poids.
Chapitre 66.

(Il manque dans le texte d'origine).

De l'interdiction de l'exportation des produits alimentaires.
Chapitre 67.

Si une personne, étrangère ou native, est surprise en train de sortir en dehors de notre territoire des produits alimentaires comme le blé, la farine, l'orge, le seigle, la viande, le lard, ou le fromage, elle sera condamnée à une amende de 50 *hyperpere*, qui peut être aussi réglée en *grosh* de Sklavonie ainsi qu'avec la saisie de la marchandise. Si l'étranger est en mesure de désigner l'acquéreur de la marchandise, alors l'amende sera payée par ce dernier, et celle-ci est partagée par moitié entre le comte et la commune. Sont exemptés de cette condamnation ceux qui sont graciés par les juges ou les conseillers.

De l'importation des produits alimentaires.
Chapitre 68.

Nous soulignons que chaque citoyen possédant du blé ou des céréales en dehors de notre ville est tenu de les rapporter dans la ville et non de les envoyer ailleurs ; s'il est prouvé que quelqu'un agit autrement, il sera condamné à une amende de 50 *hyperpere* de Sklavonie, partagée par moitié entre le comte et la commune. Si rien n'est prouvé, il doit prêter serment avec quatre autres nobles crédibles devant le juge chargé de l'affaire.

De l'achat des produits alimentaires.
Chapitre 69.

Il est interdit aux citoyens ou aux étrangers d'acquérir dans l'intention de revendre sur le territoire ou les environs, le chou, l'ail, l'oignon, le lin et la laine, le poisson et le fromage. Qu'ils acquièrent autant qu'il leur est nécessaire pour la consommation domestique, excepté les cas autorisés par les juges ou le conseil. Le contrevenant à cette disposition paiera la somme de 8 *hyperpere* de Sklavonie, partagée par moitié entre le comte et la commune.

Du prêt à la commune.
Chapitre 70.

Quand une personne prête à la commune du blé, du vin ou d'autres marchandises, elle ne peut prétendre à être remboursée au-dessus de la valeur de la marchandise au moment où elle l'a prêtée à la commune. Si les juges remboursent la marchandise au-dessus de sa valeur au moment du prêt, ils seront eux-mêmes condamnés à une amende de 8 *hyperpere* de Sklavonie. La même amende sera payée par le prêteur s'il a accepté d'être remboursé plus que ce qu'il a prêté. La moitié de cette amende est versée au comte et l'autre à la commune, tandis que la marchandise prêtée est considérée comme perdue pour le prêteur.

Des ouvriers et du salaire.
Chapitre 71.

Si un ouvrier, serviteur ou servante, qui, en présence des garants, s'est accordé avec son patron sur la durée du travail de tant d'années ou de mois, souhaite quitter avant le délai convenu, il ne peut agir de la sorte, soit parce qu'il peut avoir reçu une avance, soit pour le simple fait que le départ avant la fin du contrat n'est pas autorisé. S'il y persiste, il doit payer une amende de 8 *hyperpere* de Sklavonie, partagée par moitié entre le comte et le patron.

S'il ne se maintient pas selon les termes stipulés par le contrat il sera redevable de la même amende et devra s'exécuter exactement à tous les ordres de son patron ou sa patronne. Si le contraire est prouvé, il perd son salaire annuel et devra s'acquitter de l'amende mentionnée ci-dessus, et devra aussi travailler chaque année un mois supplémentaire en additionnant les dimanches. Si l'ouvrier ou l'ouvrière tombe malade, le patron est tenu de le nourrir et lorsqu'il sera rétabli, l'ouvrier lui sera redevable de tout le temps de travail manqué pour raison de santé, dans la même saison. Si une personne le convainc et l'embauche avant de s'acquitter de la somme due au premier patron, et si cela est prouvé, le salarié doit payer une amende de 8 *hyperpere*, dont une moitié est versée au comte et l'autre au patron. Ce dernier n'est pas tenu de remplir absolument les obligations qui découlent du contrat.

De la mise en pâture commune du bovin.
Chapitre 72.

Les bergers qui mènent pâturer les bovins les jours fériés ou les dimanches doivent effectuer minutieusement leur travail et doivent veiller à ce qu'il ne manque aucun de leurs bovins ni ceux des autres. La mise en pâture ne peut être assurée par plus de deux bergers, l'un qui ramènera la nourriture et l'autre qui s'occupera de la mise en pâture du bétail. Le soir, les vaches doivent être rendues à leurs propriétaires saines et sauves et pour tout tort causé au bétail, les bergers doivent le réparer. Si plus de deux personnes s'occupent de la mise en pâture, elles doivent payer une amende de 12 *grosh*, partagée par moitié entre le comte et la commune.

Du retour des vaches le soir après la mise en pâture.
Chapitre 73.

Si un berger, au lieu de rassembler son troupeau et celui des autres paysans le soir, les abandonne pour aller fêter en ville et si ce soir-là il manque une bête ou s'il lui arrive quelque chose d'autre, alors le berger doit payer entièrement le dommage causé. Et même s'il ne commet aucun dommage, il devra s'acquitter d'une amende de 12 *grosh*, une moitié pour la commune et l'autre pour le comte.

Des vaches qui endommagent le vignoble.
Chapitre 74.

Il est interdit à tout berger et toute autre personne de faire rentrer des vaches ou chevaux dans le vignoble, notamment au moment de la floraison de la vigne. Le contrevenant est condamné à une amende de 4 *hyperpere*, partagée par moitié entre le comte et la commune.

De la perte d'une vache.
Chapitre 75.

Lorsqu'un berger égare une vache pendant la nuit dans un endroit inconnu, le propriétaire de la vache doit être prévenu par celui-ci avant l'aube. S'il n'agit pas de la sorte, le berger doit lui rembourser le prix de la vache. Si la vache est perdue pendant la journée, il doit payer le dommage de suite, sans conteste. Si la vache est égarée durant le bourdonnement des mouches, il a jusqu'au soir pour prévenir le propriétaire, autrement il devra lui verser la somme de la valeur de la vache perdue.

Des vaches qui pâturent dans les champs de blé. Chapitre 76.

La mise en pâture des vaches, des chevaux ou des ânes dans les champs de blé est interdite avant la fin complète de la récolte. Exception faite des cas où le bétail est attaché et ne cause aucun dommage. Mais si une telle chose se produit ou si une personne contrevient à ce règlement, elle devra payer une amende de 12 *grosh* de Sklavonie, dont une moitié est versée au comte et l'autre à la personne ayant subi le préjudice, qui doit aussi être indemnisée du dommage causé par la vache.

De l'interdiction de la mise en pâture sur la colline. Chapitre 77.

Personne, qu'il s'agisse d'une personne ordinaire ou d'un berger, ne doit mener pâturer les vaches dans la colline se trouvant entre l'église de Saint Pierre, celle de Saint Ange et jusque sous le rocher. Cela vaut pour la période allant du jour d'Ascension et jusqu'à la fête de Saint André. Les contrevenants sont condamnés à une amende de 8 *hyperpere*, partagée par moitié entre le comte et la commune, à égalité. L'amende n'est pas appliquée lorsque la commune décide de lever l'interdiction en question.

Des bœufs en copropriété.
Chapitre 78.

Si quelqu'un emprunte un bœuf, à condition de travailler aussi avec celui-ci les terres du propriétaire, pour une durée indéterminée ou déterminée, il est tenu de travailler les terres du propriétaire du bœuf honnêtement, de la même manière que les siennes. S'il est prouvé qu'il a effectué un travail malhonnête ou qu'il a maltraité le bœuf et qu'il arrive quelque chose à ce dernier au moment de labourer les champs de l'intéressé et si une telle chose est prouvée, alors il doit réparer le préjudice causé et payer une amende de 12 *grosh*, partagée par moitié entre le comte et le dénonciateur.

De l'interdiction de l'égorgement du bœuf.
Chapitre 79.

Il est interdit à tout habitant de notre ville ainsi qu'à un étranger d'égorger un bœuf ou une génisse dans l'abattoir. Ces animaux sont autorisés à être vendus uniquement pour labourer les champs, et quand ils ne seront plus en état de travailler, alors ils pourront être vendus au poids à l'abattoir. Les contrevenants à cet ordre devront s'acquitter d'une amende de 8 *hyperpere*, partagée par moitié entre le comte et la commune.

De ceux qui voyagent en groupe.
Chapitre 80.

Si quelques personnes partent de la ville pour la forêt, le marché ou autre, chacune d'elles doit se protéger pendant l'aller et le retour et aucune d'entre elles ne doit se séparer du groupe. Si un des voyageurs égare quelque chose, le dommage doit être payé par celui qui se trouve à la tête du groupe. Et même s'il n'y a pas de dommage mais qu'il ait perdu la direction du groupe, il sera condamné à une amende de 12 *grosh*, partagée par moitié entre le comte et la Commune. S'il survient un vol avec violence pendant le voyage effectué ensemble, le dommage causé non intentionnel de jour ou de nuit doit être payé. Si quelqu'un part avant le groupe ou reste derrière ce dernier et subit un dommage, il en est lui-même responsable, alors que les autres voyageurs n'ont aucune obligation, conformément aux coutumes du pays.

Du service du gardien en ville.
Chapitre 81.

Il est ordonné que les gardiens chargés de la surveillance de la ville demeurent à leur poste du soir au matin. Si quelqu'un abandonne son poste et s'en va chez lui dormir, ou qu'il ne se présente pas à la garnison, il doit payer le dommage qui peut être causé cette nuit-là. Même si aucun dommage n'est causé, il doit payer une amende de 12 *grosh*, la moitié pour le comte et l'autre pour la garnison. Et si, après le retentissement de la troisième cloche, une personne, du clergé ou laïque, est surprise en se promenant dans la ville sans flambeau, elle devra réparer tous les dommages causés cette nuit-là. S'il n'y a pas eu de dommage, le clerc ou le laïc en question est tenu de payer une amende de 12 *grosh,* une moitié pour le comte et l'autre pour la commune. Le témoignage sous serment de deux ou trois gardiens suffit.

Du gardien des vignobles.
Chapitre 82.

Les gardiens des vignobles doivent remplir leur devoir fidèlement de la fête de Saint Elie jusqu'à celle de Saint Michel. Pendant cette période, ils peuvent émonder, ouvrir les voies, attacher les branches et planter la tente supportant la vigne, là où elles se trouvaient auparavant. Si quelqu'un subit un dommage dans le vignoble, le gardien est tenu de remettre le voleur et s'il ne peut accomplir une telle chose, alors il doit payer lui-même le dommage. Chacun doit rendre au gardien ce qui lui est dû, conformément à la coutume. On peut se fier au gardien du vignoble concernant tout ce qu'il dit durant le temps de son service, à condition qu'il prête serment.

Du gardien des champs.
Chapitre 83.

Le gardien des champs est tenu de faire son travail honnêtement pour la période convenue pour son travail. Si le propriétaire remarque un dommage causé dans les plantations de son champ, dans la semence, dans le fruit, ou de la mise en pâture, alors le gardien devra payer lui-même le dommage, s'il ne dénonce pas le voleur ou le berger. Lorsqu'il est sous serment, on doit faire confiance au gardien. Il doit payer le quart du champ et si ce dernier ne ressemble pas aux autres champs, il ne devra rien payer et au début de l'année son salaire devra s'élever à 1 *hyperpere* et demi.

De la surveillance des pâtures.
Chapitre 84.

Les gardiens des pâtures doivent veiller avec dévouement sur les pâtures de la ville. Si le gardien surprend quelqu'un, un Slave, un Arberesh ou un habitant de Shkodra, mettant en pâture les moutons, les vaches ou les porcs, il a le droit de confisquer au contrevenant un mouton pour chaque troupeau de moutons, une vache pour chaque troupeau de vaches et un porc pour chaque troupeau de porcs. Outre cela, le gardien doit s'adresser au tribunal où il devra maintenir son accusation sous serment et avec le témoignage de deux ou trois autres gardiens. Le propriétaire des moutons, des vaches ou des porcs devra être condamné à une amende de 50 *hyperpere*, à partager par moitié entre le comte et la commune.

De la participation à la guerre.
Chapitre 85.

Les soldats qui sont envoyés à la guerre sous ordre du roi ne doivent pas être payés plus de 2 *grosh* par jour, et les capitaines pas plus de 4 *grosh*. Si quelqu'un s'est inscrit pour aller combattre et ne s'en va pas, il devra être condamné à une amende de 8 *hyperpere* et devra s'acquitter entièrement de la réparation du dommage causé à la commune par sa faute et sa désertion. La moitié de l'amende sera versée au comte et l'autre moitié à la commune.

Des capitaines dépendants des juges.
Chapitre 86.

Les capitaines dépendant des juges ou les capitaines des gardiens de la ville doivent jurer obéissance jour et nuit à tous les ordres des juges ou du Conseil de la ville, comme l'exigent l'honneur et l'intérêt de notre ville. Mais si les capitaines en question agissent à leur guise en dehors des ordres du juge, ils perdront leur poste et seront condamnés à une amende de 4 *hyperpere*, partagée par moitié entre le comte et la commune.

Des femmes de mauvaise vie.
Chapitre 87.

Si le témoignage de deux ou trois hommes prouve qu'une femme est de mauvaise vie, elle n'est pas autorisée à porter de chapeau comme le veut notre coutume ni d'être accompagnée de quiconque. Il lui est interdit de rester et habiter près des femmes nobles. Si elle agit en opposition à ces ordres, elle sera condamnée à une amende de 8 *hyperpere*, partagée par moitié entre le comte et le plaideur. S'il est prouvé qu'une femme de mauvaise vie s'adonne à des affaires de mauvaises mœurs ou tente de corrompre les autres, elle doit quitter notre ville dans un délai de trois jours et si elle dépasse ce délai, elle devra être condamnée à une amende de 8 *hyperpere*, frappée au bâton dans les rues de la ville et devra s'exiler pour ne plus jamais retourner.

Du coffre de la commune.
Chapitre 88.

Le coffre de la commune qui enferme le sceau et les privilèges de la ville doit avoir trois clés dont chacune doit être gardée par un des juges. Si quelqu'un se munit d'un document de privilège de la commune, il doit le remettre aux juges. S'il est avéré qu'il n'a pas agi de la sorte, il devra verser à la commune 8 *hyperpere* de Sklavonie.

Des jours où sont désignés les juges et les autres fonctionnaires.
Chapitre 89.

Nous ordonnons que le jour de la fête de Saint Marc l'Angélique soient nommés trois juges, huit conseillers et deux intendants. Ce jour-là devront sonner les cloches de Saint Stéphane, le peuple devra se réunir et notre évêque devra venir et choisir avec quatre nobles les fonctionnaires ci-dessus évoqués ainsi que les juges et les conseillers. Si l'évêque ne se trouve pas en province, trois nobles laïcs autochtones se présenteront et jureront sur les Evangiles qu'ils ne choisiront personne par amitié et qu'ils ne refuseront personne par inimitié. Le choix ne sera fondé que sur la compétence et le dévouement de chacun des candidats envers notre ville.

Des fonctionnaires désignés.
Chapitre 90.

Si un fonctionnaire désigné par la commune n'accepte pas d'accomplir une tâche, il peut bénéficier d'un délai de trois jours et si une fois le délai passé il n'a toujours pas achevé sa tâche, il devra être condamné à une amende de 8 *hyperpere*, hormis cela il devra demeurer à son poste et ne pourra se prévaloir d'aucune excuse.

Des ambassadeurs désignés.
Chapitre 91.

L'ambassadeur désigné doit obéir aux ordres et, dans le cas où il refuse de partir en mission à l'étranger, il sera tenu de payer pour le dommage 25 *hyperpere*.

De ceux qui offensent les autres avec le mot « traître » et qui poussent à l'affrontement.
Chapitre 92.

Il est interdit à tout habitant de la ville de s'adresser à un autre habitant avec l'injure « tu es un traître du roi » ou « de la commune » ainsi que d'inviter l'autre à un duel pour quelque motif que ce soit. Le contrevenant devra verser à notre suzerain 500 *hyperpere*.

De l'élection du notaire.
Chapitre 93.

Le notaire doit être élu par le vote des juges, des conseillers et de tous les hommes notables de notre ville. Est proclamé notaire celui qui obtient le plus de voix. Le notaire doit remplir ses devoirs et obéir aux ordres du tribunal et des conseillers, comme le déterminent les statuts de notre ville. S'il refuse d'obéir, il perd son poste et devra payer une amende de 50 *hyperpere*, partagée par moitié entre le comte et la commune. Le notaire est tenu de mettre par écrit dans un délai de huit jours les décisions prises par les juges et les arbitres désignés pour les affaires de vente, d'échange, de don, de dot et tout autre acte fait sur la base de la raison, du statut ou du testament à tout moment et toute heure pour le compte de nos habitants ou des visiteurs étrangers. Le notaire ne peut instrumenter aucun document de bonne foi, mais seulement en présence des deux parties. Le notaire ne doit pas délivrer plus de documents de ce que demandent les juges.

Du document scellé par le sceau de la commune.
Chapitre 94.

Si le notaire ne conclut pas l'acte officiel de la décision des juges dans un délai de huit jours, cette décision peut être retranscrite sur un document avec le sceau de la commune, qui a la même valeur que l'acte notarié.

Des arbitres choisis sous serment.
Chapitre 95.

Les arbitres choisis par la volonté des deux parties doivent statuer en présence du notaire, de sorte que tout ce qu'ils diront et décideront soit indiscutable et durable à jamais, conformément aux statuts de notre ville.

De la manière dont est choisi le représentant d'un habitant de la ville quittant la ville.
Chapitre 96.

Quiconque s'éloigne de la ville pour une période de plus d'un an doit choisir une personne qui le représentera devant les juges ou le notaire. Le représentant en question doit répondre, se comporter et même demander des explications à sa place pour chaque affaire, comme s'il s'agissait de la personne elle-même. Mais si le représentant faisait une affirmation concernant la personne qu'il représente, l'affirmation en question ne pourrait être prise en compte et serait considérée comme nulle.

De la manière dont est évalué le travail d'un juge.
Chapitre 97.

Pendant l'exercice de son devoir, le juge doit offrir ses services à tous ceux qui s'adressent à lui pour leurs problèmes et statuer en se basant sur les statuts de la ville avec honnêteté et impartialité, sans succomber à ses amitiés. Pendant l'année de l'exercice de sa fonction en tant que juge, il ne peut exercer comme avocat pour personne. Sa fonction consiste à entendre les deux parties, enregistrer avec l'aide du secrétaire les explications de chaque partie et rendre une décision juste selon les statuts et les coutumes de notre ville.

Des juges et des conseillers.
Chapitre 98.

Sont considérées comme valides et imprescriptibles toutes les décisions prises par entente entre les juges et les conseillers. S'il n'y a pas d'entente possible, un vote doit être organisé et il pourra être décidé selon la volonté de celui qui remporte la majorité.

De l'accueil réservé aux envoyés du roi.
Chapitre 99.

Lorsqu'une personne envoyée par le roi ou son courtisan arrive en ville, les juges et le conseil doivent leur faire les honneurs dus, en leur offrant à boire et à manger. Si un des visiteurs sollicite des présents, le juge ne peut agir sans s'accorder auparavant avec les conseillers.

De la recommandation envers ceux qui rencontrent des difficultés avec la commune.
Chapitre 100.

Si un des habitants de notre ville rencontre des difficultés avec la commune, le Conseil doit se réunir et si un des ses proches y siège, il devra être exclu du Conseil le temps nécessaire au règlement du litige avec la personne en question, jusqu'à ce que se présentent les témoins selon le statut et après que la personne en question a été condamnée. Le juge et le Conseil doivent siéger jusqu'à ce qu'ils obligent la personne à admettre la faute.

De la divulgation des secrets par le Conseil.
Chapitre 101.

Il est interdit à chaque membre du Conseil de divulguer les affaires débattues au Conseil. Dans le cas d'une contravention, il devra payer une amende de 8 *hyperpere* et il lui sera interdit à jamais toute fonction municipale.

De ceux qui tiennent des propos utiles au Conseil.
Chapitre 102.

Lorsqu'à une réunion, un conseiller ou un juge tient des propos utiles à la commune et en conséquence de ces derniers subit un dommage, la commune est tenue de le dédommager. Si quelqu'un ne souhaite pas faire une telle chose, il est condamné à une amende de 8 *hyperpere* de Sklavonie, partagée par moitié entre la commune et la personne ayant subi le dommage. Cette dernière, hormis cela, recevra aussi la réparation du dommage.

De l'impôt de la *sudebine* (taxe judiciaire revenant au juge).
Chapitre 103.

Les juges assermentés de notre pays ne doivent avoir aucun autre salaire en dehors de la *sudebine* et le dixième de la valeur dont ils jouissent pour chaque vente. La *sudebine* est perçue des procès judiciaires. Pour tout titre de propriété, pour tout animal ou dette à partir de 8 *hyperpere* et plus, la *sudebine* doit avoir une valeur de 4 *grosh* et devra être prélevée par celui qui gagne le procès. L'huissier (*semec*) saisit au perdant des biens pour la *sudebine* ainsi que pour d'autres dépenses et ces biens sont remis au gagnant du procès.

Du choix du secrétaire.
Chapitre 104.

Le secrétaire doit être choisi par les juges et le Conseil. Le désigné doit prêter serment sur les évangiles qu'il sera fidèle et obéissant envers tout ordre des juges, que pendant le procès, comme le prévoient les statuts, il inscrira sur un cahier tout ce qui sera déclaré par les parties ainsi que la décision des juges. Il devra aussi rédiger un acte, qu'après lecture, il devra transmettre au notaire en présence des juges. S'il contrevient à une des procédures ci-dessus, le secrétaire perdra son poste et son salaire. Son salaire s'élève à 15 *hyperpere* de Sklavonie. De plus, la maison du secrétaire est dispensée de toute sorte de taxe.

Des financiers de la commune.
Chapitre 105.

Tous les revenus de notre commune découlant des douanes doivent être prélevés, gardés et dépensés honnêtement et sans manœuvre déloyale par le financier, pour toute la période où celui-ci est en fonction et conformément aux normes définies par les statuts. Un rapport doit être rendu aux juges et conseillers tous les trois mois pour tous les revenus et toutes les dépenses effectuées. Les juges en fonction doivent faire enregistrer par écrit par le secrétaire toute la somme des revenus annuels, de manière à ce que cela soit porté à la connaissance des futurs juges et conseillers. Les nouveaux juges doivent avoir en leur possession l'enregistrement sur cahier de toutes les redevances, écrites à la main du secrétaire, et où doit être mentionné le montant impayé par les financiers précédents ou même la dette que la commune a envers les personnes privées. Mais les nouveaux juges ne doivent pas être informés des obligations personnelles des financiers qui ne doivent pas être enregistrées. Le salaire des financiers doit s'élever à 4 *hyperpere* pour l'un et l'autre.

De l'huissier et de l'officier judiciaire.
Chapitre 106.

L'huissier et l'officier judiciaire doivent faire le serment et obéir aux ordres des juges durant le jour, la nuit ou à toute heure, d'effectuer les services de la commune avec fidélité et justice. Ils doivent prévenir quiconque est convoqué au procès et y rester et écouter ce qu'il s'y dit, avec les juges, lorsqu'ils sont à leur poste. S'ils n'agissent pas ainsi, ils sont condamnés à une amende de 8 *hyperpere*, dont une moitié revient au comte et l'autre à la commune. De même, ils sont amenés à quitter leur fonction. Ces mesures concernent l'huissier et l'officier judiciaire.

Des avocats.
Chapitre 107.

Les avocats de la commune ne peuvent interroger ou répondre sans autorisation préalable de la partie intéressée. Ils peuvent le faire seulement lorsque quelqu'un se présente et déclare en présence des juges que « celui-ci est mon avocat ». Seulement de cette manière l'avocat en question acquiert le droit de répondre et d'interroger librement et justement, comme pour lui-même. S'il est prouvé qu'il n'accomplit pas son devoir honnêtement, il sera déchargé de ses fonctions et devra payer le dommage causé à la partie qui l'a engagé. L'avocat ne peut être payé plus d'un *grosh* pour chaque 12 *grosh.* L'avocat engagé par une partie ne peut se tourner vers l'autre partie. S'il agit de la sorte, il sera condamné à une amende de 4 *hyperpere* de Sklavonie.

Du prélèvement des obligations.
Chapitre 108.

Les personnes chargées du prélèvement des obligations par la commune doivent faire ce travail dans les termes qu'il leur a été demandé, avec honnêteté et droiture. Hormis cela, elles doivent faire un rapport minutieux aux juges et à la commune. Si elles agissent autrement, elles seront condamnées à une amende de 8 *hyperpere*. Elles devront aussi payer le dommage et seront renvoyées à jamais des fonctions officielles.

Des balances de la viande.
Chapitre 109.

Ceux qui sont désignés par la commune pour peser la viande coupée doivent effectuer ce travail avec quiconque avec honnêteté et droiture. Leur salaire s'élèvera à 1 *folar* pour chaque mouton, 4 *folar* pour chaque vache, 2 *folar* pour chaque porc, truie et bœuf. Les *folar* en question doivent être payés par les bouchers et s'ils ne le font pas le jour convenu, ils seront condamnés à une amende de 4 *grosh* de Sklavonie. Ils doivent surveiller les pesages ainsi que les personnes qui vendent sans peser la viande traitée pour la viande castrée ou la viande de l'animal mort, qui n'a pas été abattu dans les abattoirs. Ils ont le droit d'intenter une accusation et leurs propos seront considérés être crédibles. Les contrevenants seront condamnés à une amende de 8 *hyperpere* de Sklavonie, partagée par moitié entre le comte et la commune, tandis que les juges ne doivent pas les autoriser pour la viande qui n'a pas été abattue dans les abattoirs.

De la crédibilité des juges.
Chapitre 110.

Les juges désignés et qui ont prêté serment, pendant l'année de leur fonction, sont estimés crédibles concernant tout ce qui est fait et dit en leur présence. Une fois l'année passée, on ne leur accorde pas plus de confiance qu'à une personne quelconque.

De la formation du corps magistral.
Chapitre 111.

Si, dans un procès judiciaire, une partie demande à l'autre si elle approuve le corps magistral et l'autre lui donne son accord, cet accord n'est valable qu'en la présence de deux magistrats, qui sont requis pour juger chaque affaire, s'agissant des affaires d'une valeur de 2 *hyperpere* et moins un seul juge peut siéger.

Du juge soupçonné.
Chapitre 112.

Personne ne peut refuser sans motif un des juges siégeant, sauf dans le cas où il aurait des liens de sang, frère, grand-père, beau-fils, neveu, beau-père, beau-frère et parrain, du côté du mari ainsi que de la femme. Si l'autre juge consulte le juge contesté pour les raisons ci-dessus, il sera condamné à une amende de 8 *hyperpere* et la décision prise sera considérée comme nulle et non avenue.

De l'interdiction des procès les dimanches et les jours de Pâques.
Chapitre 113.

Il est interdit à tout juge de statuer sur les affaires entre deux habitants de la ville, mais aussi entre deux étrangers ou entre un habitant de la ville et un étranger, les dimanches, pendant Noël, les Carnavals, l'Epiphanie, ou pendant les fêtes de Sainte Marie et de l'Assomption.

Des prétentions en période de récolte.
Chapitre 114.

Les habitants de notre ville ne peuvent avoir de prétentions sur des terres en période de cueillette et récolte, ni sur les produits de la récolte en question, entre-temps ils peuvent avoir toutes sortes d'autres revendications.

De ceux qui ne se présentent pas au procès.
Chapitre 115.

Lorsqu'une personne citée à comparaître trois fois de suite ne se présente toujours pas la troisième fois, elle sera condamnée par contumace et les juges confirmeront la demande de l'autre partie, en laissant de côté la part du comte. De même, si une personne revendique le remboursement d'un prêt, les juges mettront à la disposition du revendicateur un titre de propriété égal à la valeur du prêt. Si l'intéressé ne se présente pas au procès pour une année entière, la décision devient irrévocable. S'il se présente au procès avant la fin de la période annuelle, il devra tout d'abord régler toutes les dépenses effectuées par l'autre partie et ensuite le procès pourra se faire sur le fondement des preuves de l'une et de l'autre parties.

De ceux qui contestent la comparution au procès. Chapitre 116.

Lorsqu'une personne est interrogée par les juges et que ceux-ci ou un seul juge la convoquent trois fois de suite afin qu'elle réponde, la personne en question est considérée être déboutée dans l'affaire pour laquelle l'interrogatoire lui était adressé.

De ce que doit faire la femme quand le mari se trouve en dehors de la ville et ne peut prendre part au procès. Chapitre 117.

Si une femme mariée est citée à comparaître dans une affaire concernant elle ou son mari et si ce dernier ne se trouve pas en ville, dans le premier cas elle doit répondre à la citation de suite par le moyen de son avocat. Si l'affaire concerne le mari, la personne qui porte plainte doit assumer les dépenses pour le coursier faisant suivre la convocation, dépenses qui à la fin du procès incomberont à la personne déboutée. Si la personne convoquée ne répond pas, elle sera considérée comme partie perdante. Les juges doivent exiger les obligations du mari et non de la femme. Si le revendicateur possède un document notarié qui atteste le prêt tandis que le débiteur n'en a pas en sa possession afin de prouver son emprunt, le demandeur a des droits sur sa personne partout dans le monde.

De l'exposition des preuves au procès.
Chapitre 118.

Si quelqu'un souhaite intenter une action judiciaire contre quelqu'un d'autre, il devra procéder de la sorte : il devra avant tout présenter toutes les preuves, qu'il fera mettre par écrit sur un cahier ou sur une fiche par son greffier. Il devra les rendre au juge. Pour juger de ces preuves, le Conseil devra se réunir et fera aussi envoyer la réponse.

Du jugement.
Chapitre 119.

Quand quelqu'un agit en justice pour des affaires de propriété ou des affaires d'une valeur de 8 *hyperpere* et plus, le procès doit avoir lieu dans un délai de quinze jours, tandis que, pour les affaires inférieures à 8 *hyperpere*, ce sont les juges souverains qui décident.

Des preuves par attestations notariées et celles des garants.
Chapitre 120.

Si quelqu'un se présente pour répondre au procès et si le document notarié ou des garants contredit ses propos, les juges lui accordent un délai de trois jours pour contester le document notarié. Il dispose d'un délai d'un jour pour contester la courte attestation des garants. Si, après expiration de ce délai, il n'est pas en mesure de témoigner, les juges doivent statuer sur le fondement du document ou de la garantie écrite.

De l'ouverture des affaires.
Chapitre 121.

Si une affaire est entamée elle doit être menée jusqu'au bout. La partie déboutée doit s'acquitter entièrement de sa dette envers la partie gagnante du procès, ensuite elle pourra poser des questions au gagnant qui devra répondre.

Des revendications sur quelque chose.
Chapitre 122.

Lorsqu'on revendique la chose d'autrui, il faut des preuves pour l'acquérir. Une personne n'a pas besoin de preuve pour prouver sa propriété. Si la partie revendicatrice de la chose ne possède pas de preuve, le serment suffit à l'autre partie, comme il en est d'usage.

Des manières dont peut être prouvée la vérité.
Chapitre 123.

Personne ne peut prouver son propre droit pendant le procès, seulement au moyen des affirmations de la partie opposée elle-même, des témoins légaux ou d'une lettre écrite par la partie opposée elle-même. Cette lettre, si elle est scellée par le sceau de la commune, a la même valeur que le document notarié, tout comme la lettre écrite par le débiteur lui-même.

Des revendications sur une propriété ou autre chose.
Chapitre 124.

Si un de nos habitants ou un étranger revendique chez les juges une propriété ou autre chose et si l'autre partie se présente dans la confrontation mais n'arrive pas ou ne souhaite pas déposer des preuves, alors les juges doivent saisir la propriété ou la chose contestée par une décision irrévocable.

De la condamnation.
Chapitre 125.

Personne ne peut être condamné sans l'audition de deux ou trois témoins.

Lorsqu'on revendique davantage.
Chapitre 126.

Lorsque quelqu'un demande dans un procès à être remboursé de son prêt mais revendique davantage que ce qu'il doit toucher et si ce fait est prouvé alors il perdra tout.

Des affaires débattues.
Chapitre 127.

Si une personne a une affaire en justice contre une autre personne concernant une chose précise, aucune d'entre elles ne devra agir avant que les juges statuent. Si l'une des parties convient à cela, avant que la décision ne soit rendue, elle sera considérée comme déboutée dans l'affaire en question.

De l'aveu.
Chapitre 128.

Nous ordonnons que, si une personne fait un aveu au procès devant les juges concernant quelque chose en rapport avec elle ou ses propriétés, alors qu'elle a entre-temps une affaire judiciaire en cours contre quelqu'un qui ne se trouve pas à l'audience, les juges devront confirmer la demande de l'autre partie.

Du témoignage de l'avocat.
Chapitre 129.

Si lors d'un procès, un avocat témoigne devant les juges et la personne qui l'a engagé comme avocat et si son client ne le conteste pas, alors le témoignage en question est réputé véritable et valide, comme s'il avait été fait par le client lui-même. S'il est contesté par la personne qui l'a choisi comme avocat, le témoignage de ce dernier est considéré comme irrecevable et non valable.

Du choix des garants au procès.
Chapitre 130.

Une personne qui a été recommandée au procès ne peut être acceptée comme garant crédible si elle ne paye pas 10 *hyperpere* et plus. Elle pourra être acceptée comme recevable et crédible seulement quand elle se munit d'une autorisation notariée. Les autres conditions pour le garant sont : ne pas être âgé en dessous de 14 ans, ne pas être le père, le frère, le cousin d'une même lignée, le neveu, le grand-père, le beau-frère, le beau-fils, le beau-père de la partie en question, qu'il s'agisse d'un homme ou d'une femme. A cette liste s'ajoutent aussi les serviteurs, les pauvres qui ne possèdent pas plus de 20 *hyperpere* de richesse, les assassins, les parrains, les Slaves, les *Arberesh.* Le garant ne peut pas non plus être une femme, un imposteur, une personne ayant trahi la ville, un copropriétaire ou associé de la personne pour laquelle il se porte garant. S'agissant des affaires concernant le mariage ou la dot, lorsqu'il y a des différends entre le beau-fils et la famille de la mariée, en l'absence d'un document notarié, les proches d'une partie et de l'autre peuvent se porter garants. La femme peut se porter garante pour les affaires concernant le désaccord sur le jour de la mouture, sur l'âge, sur les enfants, sur le comportement et la virginité des filles.

De l'exposition des preuves au procès.
Chapitre 131.

Si une personne réclame ses droits devant les juges, elle doit avancer les preuves crédibles au moyen des garants crédibles. Les juges font prêter serment aux garants devant tout le monde qu'ils diront la vérité. Ensuite, ils devront interroger chacun séparément, de sorte qu'ils n'entendent pas mutuellement leur témoignage. Pendant le temps de l'interrogatoire, de l'écoute ou du rendu du témoignage de chaque garant, un secrétaire en écrit l'intégralité.

Des témoins.
Chapitre 132.

Si la personne appelée à témoigner affirme qu'elle « croit qu'il s'agit de la vérité mais ne peut le dire avec certitude », alors son témoignage ne peut être reçu comme valable.

Des témoins encore.
Chapitre 133.

La personne acceptée comme garante ne peut témoigner qu'à la séance qui lui aura été désignée, autrement, elle ne saurait être crédible. Une exception est faite pour les garants convoqués pour des vols commis pendant la nuit ou hors du territoire de la ville ou pour des rapines commises en dehors de la ville ou en ville, pendant la nuit.

Les garants doivent prêter serment sur les évangiles avant le repas.
Chapitre 134.

Les garants convoqués au procès doivent venir pour la même affaire. Chacun d'entre eux doit être invité à prêter serment sur les évangiles avant le repas, pas après. Sinon son témoignage ne sera pas reçu comme valable.

Quand le père témoigne pour les enfants.
Chapitre 135.

Le père peut témoigner sur tout pour ses enfants, qu'ils soient garçons ou filles, et ses propos concernant le partage de la richesse ont force de loi. La mère peut témoigner pour ses enfants mais seulement pour les mâles et non pour les femmes.

Des témoignages aux procès entre habitants de la ville et étrangers.
Chapitre 136.

Dans les procès entre habitants de la ville d'une part et Slaves et *Arberesh* d'autre part, les témoins doivent être au même nombre pour chacune des deux parties. Autrement, la garantie n'est pas considérée comme valable.

De la convocation du témoin.
Chapitre 137.

Quand un témoin est désigné, il est convoqué par le coursier trois fois et si après la troisième fois il ne se présente pas pour témoigner, ou se présente mais refuse de témoigner, alors le témoin en question est tenu de payer tout le dommage subi par la partie perdante. Si le témoin est indisposé, les juges et le secrétaire se rendent au domicile du malade et l'invitent à prêter serment sur les évangiles qu'il dira la vérité. Si une femme doit aussi prêter serment, les juges et le secrétaire se rendent à sa demeure et lui font prêter ce serment.

De ceux qui sont débiteurs envers la commune.
Chapitre 138.

C'est aux juges qu'incombe la charge de contraindre les débiteurs envers la commune à lui rendre tout ce dont ils sont redevables par les impôts, les ventes et de toute autre chose.

Des faux témoins.
Chapitre 139.

Lorsqu'un témoin, poussé par sa malveillance ou attiré par l'argent, fait un faux témoignage nuisant à quelqu'un et si ce fait est prouvé, il sera obligé de payer tout le dommage ainsi qu'une amende de 8 *hyperpere* de Sklavonie, une moitié au comte et l'autre à la personne ayant subi le dommage. A part cela, un tel témoin ne sera plus appelé à témoigner et ne pourra plus prétendre à de hautes fonctions dans la commune. Les mêmes sanctions s'appliquent aussi à eux qui recommandent et présentent des faux témoins.

Du document notarié.
Chapitre 140.

Un acte notarié sur un accord ou une conclusion de dette doit être signé par deux ou trois témoins de chaque partie et doit être conforme aux statuts de la ville. Un tel acte est valide et personne ne peut le contester. De même, la décision judiciaire a de la valeur si elle ne s'oppose pas aux statuts.

Des faux documents.
Chapitre 141.

Si on considère qu'un acte notarié a été gardé dans un endroit suspect, ou qu'il a subi certaines interventions, ou qu'il ne contient pas la signature des témoins, ou qu'il n'a pas été rédigé de la main d'un notaire en règle, dans tous ces cas, le revendicateur qui présente un tel document ne pourra rien gagner, il sera même condamné à payer une amende de 50 *hyperpere*, une moitié pour le comte et l'autre moitié pour le demandeur.

L'acte de jugement.
Chapitre 142.

Si une personne porte plainte contre une autre personne en lui opposant un ancien acte de jugement ou un nouveau, alors que l'autre partie n'est pas en mesure de présenter de son côté des documents sur la même affaire, c'est l'acte le plus récent qui a été formulé sur le fondement des statuts qui doit être considéré comme valable, pas l'ancien témoignage de la dette. S'il s'agit de documents notariés, tout d'abord, c'est l'ancienne dette qui doit être réglée, puis la nouvelle. De la même façon, l'emprunt effectué sous garantie doit être payé.

Des actes archivés.
Chapitre 143.

Un notaire peut retirer un acte des archives d'un autre notaire seulement sous ordre et avec la volonté des juges, pour le reproduire identiquement avec son écriture, sans rien enlever ni ajouter à l'original. C'est seulement de cette manière que l'acte acquiert la valeur et la crédibilité imprescriptibles.

Du procès entre un clerc et un laïc.
Chapitre 144.

Si un laïc intente une action en justice contre un clerc, l'affaire doit être jugée par l'évêque et les juges ensemble, comme cela est exigé par les statuts et les coutumes de notre ville. La décision doit être rédigée par le notaire de la commune, sinon elle ne sera pas valide. Si l'évêque ne s'y trouve pas, il devra être remplacé par son substitut.

Du procès entre un laïc et un clerc.
Chapitre 145.

Si un laïc intente une action en justice contre un clerc pour des affaires concernant sa propriété, et pas celle de l'Eglise, le clerc doit répondre devant les juges. Sinon, les juges confirmeront la demande de l'autre partie. S'il s'agit des propriétés de l'Eglise, le clerc n'est pas tenu de se présenter devant les juges.

Du document de la dette.
Chapitre 146.

Lorsqu'il y a un désaccord entre deux personnes sur une affaire de dette et que le revendicateur possède un document notarié, ce dernier doit confirmer le montant de la somme mentionnée dans ce document en prêtant serment sur les évangiles. S'il s'agit de propriétés ou de bétail, l'acte du jugement ne requiert pas la confirmation par le serment.

Des garants.
Chapitre 147.

Lorsqu'une personne intente une action en justice contre quelqu'un en se fondant sur les témoignages et lorsque ces derniers s'avèrent ne pas être crédibles, l'autre partie sera considérée comme innocente, sans être tenue de prêter serment sur les évangiles.

Du témoignage des clercs.
Chapitre 148.

Le juge n'a pas le droit d'obliger un clerc appelé en tant que témoin à prêter serment devant lui. Il doit jurer devant l'autorité religieuse, que ce soit même en présence des juges.

Du droit de propriété sur la maison, l'escalier, le porche, le vignoble, le verger, l'oliveraie, la noiseraie et autres terrains.
Chapitre 149.

Toute personne, possédant depuis 40 ans une propriété immobilière, comme une maison, un porche, un escalier avec des fondations, un champ, un vignoble, un verger, une oliveraie et tout autre terrain et si durant toute cette période il n'y a eu aucune revendication sur ces propriétés, alors elles seront considérées comme étant ses propriétés imprescriptibles.

De l'objection au jugement.
Chapitre 150.

Lorsqu'une personne formule des contestations à l'encontre des témoins, du document notarié comprenant la décision ou à l'encontre de la partie adverse qui est capable de répondre d'une manière convaincante à l'accusation qui lui est adressée, alors la contestation sera considérée comme invalide.

Du rendu du jugement.
Chapitre 151.

Après avoir clos l'affaire, les juges sont tenus de déclarer la décision prise dans un délai de quinze jours. Si ce délai est transgressé, le juge responsable de la non-déclaration du jugement est condamné à une amende de 9 *hyperpere* de Sklavonie. Si quelqu'un s'oppose au jugement rendu par les juges sur le fondement des statuts, il sera condamné à une amende de 20 *hyperpere*, partagée par moitié entre le comte et les juges. Si le jugement n'est pas conforme aux statuts, il ne sera pas valide puisque le jugement doit obligatoirement s'appuyer sur les statuts.

Du mandat des fonctionnaires.
Chapitre 152.

Aucun fonctionnaire ne peut exercer sa fonction plus d'un an, à l'exception de l'avocat ou d'une autre personne jugée utile par la commune et qui sera maintenue en fonction jusqu'à ce qu'elle le souhaite. Les contrevenants seront condamnés à une amende de 8 *hyperpere*, somme partagée entre le comte et la commune.

Des dettes des étrangers.
Chapitre 153.

Lorsqu'un habitant de notre ville intente une action en justice contre une personne venue d'une autre ville concernant une affaire de dette, on procédera de la sorte : si l'emprunt a eu lieu dans notre ville, l'étranger sera jugé dans notre ville, si l'habitant de notre ville a prêté à l'étranger quelque part ailleurs, il devra revendiquer son droit dans la ville du débiteur. Et comme nous sommes aussi obligés de nous en tenir à cet ordre, il en est de même pour eux aussi.

Du poste de l'évêque.
Chapitre 154.

Notre honorable évêque a le droit de juger sous son autorité les affaires entre clercs concernant la propriété et tout autre chose. Hormis cela, il juge des affaires sur les testaments des chrétiens et des hérétiques, sur les usuriers et l'usure, sur la dot et le partage de la richesse entre le mari et la femme.

Du sceau de l'évêque.
Chapitre 155.

Les décisions de notre évêque, écrites et scellées de son sceau ou écrites à la main de notre notaire, sont valables pour tous les cas soumis à son jugement, pas dans d'autres cas, conformément aux statuts de notre ville.

De la corruption des juges.
Chapitre 156.

Si un juge se laisse corrompre pour un procès et si ce fait est prouvé, il sera contraint de payer une amende de 8 *hyperpere* de Sklavonie, partagée par moitié entre le comte et la commune. D'autre part, il devra aussi réparer le dommage causé à la partie perdante à cause de lui. En définitive, il perd le droit d'exercer indéfiniment la fonction de juge de notre commune. La même chose vaut pour le notaire et pour tout autre fonctionnaire de notre commune.

De ceux qui s'approprient sans jugement judiciaire.
Chapitre 157.

Personne n'a le droit de s'approprier par la force et sans décision judiciaire la chose d'autrui, qu'elle soit propriété mobilière ou immobilière. Si une personne agit de la sorte, elle se verra déboutée puisque les preuves attestant ses droits sur ces propriétés se verront invalidées. Hormis cela, elle sera tenue de régler 7 *grosh* et de cette manière cela servira d'exemple.

Des choses trouvées.
Chapitre 158.

Si une personne trouve une chose appartenant à autrui et ne le mentionne pas aux juges ou n'informe pas la ville par l'huissier ou le coursier, et si elle y est surprise, elle sera traitée comme une personne ayant volé l'objet en question et jugée comme un voleur, tandis que l'objet devra être restitué à son propriétaire.

Du père qui veut faire marier son fils sans atteindre l'âge légal.
Chapitre 159.

Le père dispose de l'entière liberté de faire marier son fils, même lorsqu'il n'a pas atteint l'âge légal, de prendre la dot de la femme de son fils et d'en disposer à sa guise. Cela vaut dans le cas où le père a eu l'accord de son fils tant pour le mariage que pour la dot de sa femme. Mais si le fils ne souhaite pas que son père dispose de la dot de sa femme et désire la détenir lui-même, alors le père, s'il le veut, peut expulser son fils et sa femme de la maison. Si le père du mari ne souhaite pas disposer de la dot de la mariée, alors il devra en faire part aux parents de cette dernière. De cette manière, la dot est transmise à celui qui épouse la femme et dans ce cas, le fils n'est pas tenu de la rendre au père. Cette règle vaut tant pour le père que la mère du garçon.

Des filles orphelines non mariées.
Chapitre 160.

Les filles sans père et mère ont droit à une part égale dans le partage de la propriété ainsi que le droit de prendre la dot de la virginité. Si elles deviennent orphelines, le frère avec une ou plusieurs sœurs, le frère ou les frères ont le devoir de faire marier la ou les sœurs, au moyen de ce qu'elles ont hérité du père et de la mère. La partie restante reviendra aux frères et au seul frère s'il n'y en a qu'un.

Du mariage des enfants.
Chapitre 161.

Les parents ayant des filles et des garçons à marier doivent tenir compte du fait que ce sont les filles qui se marient d'abord puis les garçons. Si un garçon souhaite se marier avant ses sœurs, sans l'accord des parents, alors le père et la mère ont le droit de l'expulser de la maison.

Les filles mariées n'héritent pas de la propriété.
Chapitre 162.

Lorsqu'un père et une mère ont des filles mariées ainsi que des fils ou enfants mâles des fils, ils ne devront donner aux filles autre chose que la dot. Après s'être assurés la dot des filles, ils devront transmettre tout ce qui reste au fils ou aux enfants mâles des fils. S'il n'y a pas de fils, les filles devront se partager les propriétés entre elles, d'une manière égale, pour qu'aucune d'elles ne dispose de la partie restante plus que l'autre, après la distribution des dots.

De ceux qui donnent la chose d'autrui en dot.
Chapitre 163.

Personne n'a le droit de donner en dot la chose d'autrui, comme il n'a pas le droit de la vendre, de l'offrir ou de l'échanger. S'il est prouvé que la chose donnée appartient à autrui, le donneur est tenu de payer une amende de 8 *hyperpere* de Sklavonie ainsi que la valeur des objets donnés, comme la fixent trois nobles chargés de ce travail par les juges. Cette somme doit être payée par la personne ayant donné en dot, échangé ou offert la chose d'autrui. Une fois le propriétaire trouvé, l'objet ou la maison devra lui être restitué, avec les revenus et les dépenses qu'elle engendre, à partir du moment où elle a été saisie. Cela vaut pour toute propriété d'autrui appropriée par la violence, mais pas pour les propriétés détenues depuis plus de quarante ans. L'amende est partagée par moitié entre le comte et le requérant.

Des dettes pour la dot.
Chapitre 164.

Si quelqu'un envisage de demander un emprunt sur une dot donnée, il bénéficiera d'un délai d'un mois s'il se trouve dans notre ville, et d'un an et demi s'il se trouve en dehors de la ville. Une fois ces délais passés, il n'a plus aucune obligation de répondre devant quiconque.

De l'aliénation de la dot.
Chapitre 165.

Si quelqu'un aliène quelque chose de la dot de sa femme, avec son consentement, il devra plus tard la rendre et la remplacer par sa propriété, de manière à ce que la femme ne perde rien de sa dot. Si le mari et la femme s'appauvrissent, tout ce qu'ils décident de vendre par consentement mutuel est considéré propriété commune.

Des couples vivant sans les parents.
Chapitre 166.

Si un homme et une femme se marient et habitent seuls, sans les parents, tout ce dont ils bénéficient ensemble est considéré être commun, la moitié revient donc au mari et l'autre moitié à la femme. Cela vaut pour les dommages aussi.

Du mari et de la femme.
Chapitre 167.

Si, après le mariage, le mari et la femme vivent ensemble avec le beau-père et la belle-mère, les beaux-frères et les belles-sœurs et si plus tard le couple marié décide de se séparer d'eux, il devra emporter ce qu'il avait amené au mariage. Tandis que les revenus perçus par toute la famille l'année où le couple décide de quitter la maison doivent être partagés au début de l'année qui suit.

La femme comme l'homme peuvent se transmettre la propriété l'un à l'autre.
Chapitre 168.

Lorsqu'un homme ou une femme prend en charge d'administrer les propriétés, il ou elle devra affronter les travaux, bien travailler les vignobles, bien couvrir le toit et veiller sur les productions, comme si elles étaient les siennes. Si au bout d'un an il ou elle n'accomplit pas comme il le faut ces tâches ou ne répare pas la maison si la nécessité se présente, ou s'il ou elle vend la maison, les ustensiles ou les abris et si ce fait est prouvé, alors la femme est privée de tout ce que possédait son mari et également, le mari est privé de tout ce que possédait sa femme, ces propriétés seront transmises aux proches, par ordre de classement dans le testament du défunt ou de la défunte.

De la manière dont le père partage sa propriété entre ses fils.
Chapitre 169.

Un père qui a des enfants légitimes masculins et qui souhaite partager entre eux les propriétés mobilières et immobilières est libre d'agir. Et même si un des fils ne le désire pas, il doit désigner à chacun sa part, égale à celle des autres. Si le père affectionne plus un fils que les autres, il peut lui transmettre plusieurs objets d'une valeur inférieure à 20 *hyperpere*, à condition qu'il ne s'agisse pas d'une maison ou d'une cabane. Si le père souhaite disposer de toute la part des enfants jusqu'à la fin de sa vie, il est libre d'agir à sa guise, comme est libre aussi la mère de garder pour elle-même toute sa richesse, sans la partager, jusqu'à sa mort.

Quand le fils peut être expulsé de la maison.
Chapitre 170.

Dans le cas du décès d'un mari ou d'une femme et si les enfants ne souhaitent pas vivre avec le parent vivant ou s'ils acceptent de vivre avec lui mais qu'ils n'obéissent pas à sa volonté, alors le parent en question, le père ou la mère, a le droit d'expulser les enfants de la maison, de ne rien leur donner, et de disposer de toute sa richesse jusqu'à la fin de sa vie.

Quand les enfants perdent le droit de succession. Chapitre 171.

Si le père ou la mère souhaitent exclure de la succession leur fils, ils peuvent le faire, premièrement, si le fils lève la main sur la mère ou le père, de même lorsque le père et la mère sont pauvres et que le fils n'accepte pas de les alimenter, même s'il en a les moyens, lorsque le père et la mère se trouvent en prison et que le fils ne tente pas de les faire sortir en payant, même s'il en a les moyens, lorsque les filles deviennent des prostituées, même si le père et la mère sont morts, les frères ont le droit d'exclure leur sœur dépravée de la succession ; si cette sœur n'a pas de père, mère ou frères vivants mais seulement une sœur, qui est une femme honnête, alors cette dernière se voit transmettre la part de sa sœur prostituée.

De ceux qui se marient pour la seconde fois. Chapitre 172.

Quand un homme perd sa première femme et souhaite se marier à nouveau, s'il n'a pas d'enfant de la première femme, il doit, pour commencer, rendre la dot de la femme aux proches de celle-ci. S'il n'agit pas de la sorte, il ne peut épouser une seconde femme.

Des enfants de la première femme. Chapitre 173.

Si les enfants de la première femme n'ont pas encore acquis la dot de leur mère, puisque le père est vivant et lorsqu'il épouse une autre femme et a d'autres enfants avec celle-ci, il doit tout d'abord laisser de côté la dot qu'il avait de sa première femme, c'est-à-dire avec la mère des enfants. S'agissant des propriétés du père ainsi que de celles qui restent, la dot de leur propre mère est partagée entre les enfants de la seconde femme. Cela vaut même pour les enfants de la troisième ou quatrième femme. S'il ne reste rien de la propriété du père pour la transmettre à l'un des enfants de la deuxième ou troisième femme afin de lui donner la part de la dot qui lui revient de sa mère, alors il doit se laisser faire. Quoi qu'il en soit, les enfants issus du premier mariage n'ont aucune obligation envers les enfants nés des autres mariages de leur père. Lorsque tous les enfants bénéficient de la part de la dot de leur mère qui leur revient dans les règles, le père peut partager sa propriété à parts égales entre tous ses enfants. Si les enfants ont un père et une mère, les propriétés de chacun des parents doivent être partagées également.

Des enfants adaptés.
Chapitre 174.

Si un homme marié avec une femme légitime n'a pas d'enfant avec elle et s'ils se mettent d'accord sur une adoption, ils peuvent le faire en adoptant un des enfants du frère, s'il n'a pas d'enfants, ils peuvent adopter un des enfants de la sœur. Et si elle non plus n'a pas d'enfant à faire adopter, ils peuvent adopter l'enfant d'un proche qui accepte l'adoption, en se présentant devant les juges, en présentant des témoins et des actes notariés sur l'adoption en question. Tant l'homme qui a une femme que celui qui n'en a pas, ou la femme qui a un mari et celle qui n'en a pas, ont le droit de transmettre aux enfants adoptés toute leur propriété.

Du partage des propriétés entre les frères, les sœurs et les cousins.
Chapitre 175.

Lorsque les frères, sœurs et cousins ont partagé par le serment, les témoins et l'acte notarié, les propriétés du père et de la mère ainsi que les bénéfices qui en découlent, un tel partage est considéré valable. Même dans le cas où l'ensemble des biens est partagé par un mutuel accord, sans serment, sans témoins et acte notarié, ce partage est considéré comme valide, comme s'il avait été sanctionné par l'acte notarié, même si l'intéressé aurait fait des changements et améliorations dans sa part, par exemple en plantant une part du vignoble ou en construisant sur la partie de sa propriété. Il est aussi interdit que le neveu, l'oncle (le frère du père) ou un quelconque cousin prenne part au partage des biens du père.

De la vente de la propriété.
Chapitre 176.

Lorsqu'une personne désire vendre une de ses propriétés, elle devra solliciter le retentissement des cloches de Saint Stéphane trois fois pendant trois dimanches et devra faire déclarer par l'*otag* et l'huissier que quelqu'un souhaite vendre une propriété et s'il se trouve une personne intéressée par l'achat, qu'elle envoie ses parrains pour qu'ils s'accordent entre eux. A la conclusion de l'accord, les parties intéressées se rendent chez le notaire accompagnées chacune de deux ou trois témoins, le notaire rédige l'acte notarié de la vente. Si l'achat ou la vente s'effectue d'une autre manière, il sera considéré comme non valable.

De l'impossibilité de la vente de propriété par les enfants âgés de moins de 14 ans.
Chapitre 177.

Un enfant n'ayant pas encore atteint l'âge de 14 ans ne peut pas procéder à la vente de sa propriété. Pour pouvoir y procéder il doit être âgé de plus de 14 ans. Si on y contrevient, la vente est frappée de nullité.

De l'achat du bétail dans notre marché.
Chapitre 178.

Si un habitant de Shkodra achète, au marché de la ville, un cheval, bœuf, mule, ou tout autre animal, en ayant des garants crédibles et si quelqu'un vient lui réclamer cet animal en prétendant qu'il lui aurait été volé, l'habitant de Shkodra n'est pas tenu de le lui rendre mais de lui indiquer le nom du vendeur s'il le connaît ; s'il ne le sait pas il doit en jurer. Si l'autre personne insiste pour racheter l'animal qu'elle prétend être le sien, elle pourra le faire, mais devra verser au propriétaire en question le même montant que ce dernier jure avoir déboursé pour l'achat de l'animal.

Des gages.
Chapitre 179.

Si quelqu'un a reçu un bien comme gage, il ne pourra pas le vendre avant l'extinction du délai. A l'extinction de ce dernier, le détenteur du gage se présente aux juges afin que ces derniers adressent une convocation trois fois de suite au propriétaire de l'objet mis en gage pour que ce dernier récupère l'objet en contrepartie du paiement. Si, au bout de la troisième convocation, le propriétaire du bien ne se présente toujours pas, les juges autorisent alors le détenteur du bien laissé en gage à le vendre. Si cet objet est vendu à un prix inférieur à l'obligation, on devra lui rajouter la différence. S'il est vendu à un prix supérieur, le reste devra être rendu au propriétaire de l'objet. La vente devra être réalisée par l'huissier ou l'*otag*, qui l'estiment à sa juste valeur. Si le détenteur du gage perd l'objet, il devra en témoigner et rembourser le propriétaire de la valeur entière de l'objet. S'il n'est pas en mesure de témoigner, le détenteur du gage doit prêter serment sur les évangiles pour la perte.

Des propriétés mises en gage.
Chapitre 180.

Si quelqu'un a mis en gage une propriété ou un objet qui engendre des bénéfices, le détenteur du gage peut garder de ce profit la part nécessaire aux dépenses, tandis que l'autre part des bénéfices compte pour le remboursement de l'emprunt. Tout ceci doit être attesté par un document notarié.

Du serment pour le gage.
Chapitre 181.

Lorsqu'une action en justice est entamée pour le remboursement d'un gage, le détenteur de ce dernier ne doit pas le vendre à un prix supérieur à sa valeur.

Des dettes des enfants.
Chapitre 182.

Il est interdit au père et à la mère de rembourser les emprunts contractés par leurs fils ou leurs filles sans que les parents n'aient été au préalable prévenus. De même, les cousins ne sont pas autorisés à payer pour leurs cousins. Les juges doivent contraindre celui qui a contracté l'emprunt à s'acquitter envers son créancier, en saisissant ses biens, et à rembourser la valeur de l'emprunt par la part d'héritage transmise par son père.

Du remboursement des dettes du père.
Chapitre 183.

Si le père ou la mère ont contracté un emprunt et n'ont pas pu rembourser de leur vivant, il revient à leur fils de le payer. Cela vaut dans le cas où les fils ont hérité du père. Dans le cas contraire, ils ne sont pas tenus de rembourser l'emprunt en question. Si les fils ont hérité de toutes sortes de biens, ils doivent payer la valeur de l'emprunt, pas davantage.

De la prise en location des chevaux et des animaux de trait.
Chapitre 184.

La personne qui prend en location un cheval ou un âne ne pourra pas le détenir au-delà du temps nécessaire au voyage pour lequel il s'est accordé avec le propriétaire de l'animal. De même, il ne pourra pas charger le cheval ou l'âne plus que ce qu'il a été convenu avec le propriétaire. S'il agit autrement, il se verra contraint de payer le double de la location ainsi qu'une amende de 12 *hyperpere* de Sklavonie, partagée par moitié entre le comte et le propriétaire de l'animal. Si ce dernier meurt, la personne qui loue l'animal devra payer sa valeur. Si l'animal est arraché de force, son propriétaire prendra en charge le risque, sauf dans le cas où la personne qui loue a assumé sa responsabilité pour ce cas. Si l'animal est volé en présence du propriétaire ou de son fils, le dommage sera assumé par le propriétaire de l'animal, mais dans le cas où ce dernier ou son fils ne seraient pas présents lors du vol, le dommage devra être payé par le preneur en location.

Des obligations des prisonniers.
Chapitre 185.

Lorsqu'une personne emprisonnée prend en charge quelque obligation légale pendant le temps qu'elle purge sa peine, cette obligation ne cesse pas d'exister.

Quand le testament peut être rédigé.
Chapitre 186.

A l'âge de quatorze ans, le garçon est libre de rédiger un testament par acte notarié ou des témoins. S'il rédige le testament avant d'atteindre l'âge de quatorze ans, il sera considéré comme non valable et ses biens seront partagés entre les personnes les plus proches. La fille a le droit de rédiger un testament à partir de douze ans. Si elle n'a pas encore atteint cet âge, le testament rédigé par elle sera frappé de nullité. Si la fille meurt non mariée et n'a pas rédigé de testament, ses biens seront transmis à la personne la plus proche.

De l'interdiction de toute influence sur la rédaction du testament.
Chapitre 187.

Il est interdit à tout homme ou femme de conseiller quelqu'un pour la rédaction d'un testament. Si une telle chose est avérée, la personne en question ne pourra rien hériter de ce que le défunt lui aurait éventuellement légué. Même dans le cas où le défunt ne lui aurait rien légué, la personne sera condamnée à une amende de 8 *hyperpere*, partagée entre la commune et le requérant.

Du testament rédigé en présence de témoins.
Chapitre 188.

Si quelqu'un rédige son testament en présence de témoins et en l'absence du notaire, le testament devra être par la suite certifié par le notaire. Mais si ce dernier refuse de le faire, les exécuteurs testamentaires devront le faire sceller par les juges avec le sceau de la commune. Les juges sont autorisés à signer et sceller le testament en contrepartie du serment des intéressés. Puis, le testament aura la même valeur que celui rédigé par le notaire lui-même.

Du testament rédigé en présence du notaire.
Chapitre 189.

Si quelqu'un souhaite rédiger le testament avec le notaire il pourra agir ainsi, en présence de deux ou trois témoins de confiance. S'il existe plusieurs testaments rédigés de la même manière, c'est le dernier testament qui sera considéré comme étant valable.

Du testament rédigé en présence du parrain.
Chapitre 190.

Si quelqu'un rédige son testament en présence seule du parrain, ce dernier ne pourra bénéficier du testament en question plus de 3 *hyperpere*.

Du testament rédigé par la personne elle-même.
Chapitre 191.

Si une personne rédige son dernier testament de sa propre main, sans la présence de témoins, ce testament est considéré régulier. Néanmoins, il est tenu de le faire connaître aux exécuteurs.

Quand il existe plusieurs testaments.
Chapitre 192.

Si quelqu'un rédige plusieurs testaments de son vivant et si après son décès ils sont tous présentés, c'est le dernier testament qui sera accepté.

Des testaments rédigés en dehors de la ville.
Chapitre 193.

Si un de nos habitants a rédigé son testament en se trouvant en dehors de la ville de Shkodra, il est tenu dans un délai de trois mois à partir de la date de rédaction - s'il se trouve en dehors de la ville -, de le présenter à trois témoins de confiance, qu'ils soient de Shkodra ou d'ailleurs. Ensuite, le testament est apporté dans la ville afin de le présenter aux juges dans un délai de huit jours et il leur est remis personnellement pour qu'ils le certifient et le légalisent, de leurs propres mains. Si le testament est présenté au-delà du délai de huit jours, il sera frappé de nullité.

Des personnes de religion.
Chapitre 194.

Tous ceux, qui décident de se consacrer à la religion et de rejoindre un ordre, ont le droit de rédiger leur testament avant de faire partie de l'ordre en question ou jusqu'à un an après l'avoir rejoint. Avec la prestation de serment ils perdent tout droit sur leur propriété mobilière qui sera partagée comme le stipule le testament en question, rédigé un an auparavant. S'ils n'ont pas rédigé de testament un an auparavant, leur propriété sera répartie dans les mêmes termes qu'il est procédé pour toute autre personne.

De la liberté du rédacteur du testament.
Chapitre 195.

Une personne, lorsqu'elle a un fils ou pas, est libre de partager ses biens selon sa volonté, de les transmettre à quiconque. Ni le fils, ni la fille et personne d'autre n'ont le droit de s'opposer à sa volonté.

Du testament d'une femme.
Chapitre 196.

La femme qui a des enfants a le droit de rédiger un testament et de laisser de côté, pour le salut de son âme, un cinquième de la dot, si elle ne l'a pas transmise à sa fille. Sinon, elle devra attribuer à son office la part restante, après avoir partagé entre les fils la part qui leur revient.

Du testament du fils.
Chapitre 197.

Si le fils tombe gravement malade et si le père et la mère sont vivants, il peut rédiger son testament s'il le souhaite, mais seulement pour la valeur que le père et la mère autorisent au moment précis. S'il inclut dans le testament les biens du père et de la mère, ce testament ne pourra être exécuté qu'après leur décès.

Du partage des propriétés d'une personne laïque ou d'une femme qui n'a pas laissé de testament.
Chapitre 198.

Si une personne laïque ou une femme meurt sans laisser de testament, ses biens seront tous transmis aux fils, si elle n'a pas de fils, au père et à la mère. Si elle n'a ni père ni mère, ils seront légués aux frères, et si elle n'en a pas, les biens seront transmis aux enfants mâles des sœurs. En leur absence, les biens se transmettent aux oncles et à leurs fils. Lorsqu'il n'y en a pas, ce sont les cousins qui en bénéficient et après eux les enfants mâles des cousins ou les héritiers des cousins, jusqu'à la quatrième génération. S'il manque toutes les personnes mentionnées ci-dessus, les biens de la femme se transmettent au mari et ceux du mari à la femme. En l'absence du mari et de la femme, toute la propriété en question se transmettra à la commune.

De l'entrepreneur.
Chapitre 199.

Si un entrepreneur gère mal ses affaires, les juges, au moyen du serment, désignent un tuteur qui est un de ses proches, par un papier du notaire et ce proche désigné comme tuteur a le pouvoir sur tous les biens de l'entrepreneur et a aussi le droit de travailler et de détenir ses propriétés en jouissant des profits pour les dépenses des propriétés de l'entrepreneur, tandis que la part restante est remise à ce dernier.

Quand une femme se plaint contre un clerc.
Chapitre 200.

Si une femme mariée à un homme, même à un homme de mauvaise réputation, se plaint contre un clerc pour viol, violence ou vol, on doit la croire même sans témoins, alors que le clerc devra payer comme condamnation une amende de 50 *hyperpere* de Sklavonie. La moitié de la somme est versée à l'évêque, le quart au comte, et la part restante, l'autre quart, à la femme qui se plaint. Si l'évêque renonce à sa part, celle-ci est versée à la commune.

Du viol des femmes.
Chapitre 201.

Si un homme viole une femme honnête non mariée et si l'homme n'est pas marié, il est contraint de s'unir à elle par un mariage légal. Mais si la femme est mariée, tout comme l'homme ayant commis le viol, alors ce dernier est contraint de payer une amende de 50 *hyperpere*, partagée par moitié entre le comte et la femme violée. Mais pour ce fait, la femme devra apporter des preuves convaincantes.

De la servante violée.
Chapitre 202.

Si quelqu'un viole la servante d'un homme ou d'une femme et si elle meurt pendant l'accouchement, le violeur est contraint d'offrir au patron de la victime une autre servante. Le garçon ou la fille nés seront valet ou servante du patron de leur mère.

Du vol.
Chapitre 203.

Si un homme vole quelqu'un dans la ville ou en dehors d'elle et si le vol est prouvé, il est condamné à une amende de 12 *hyperpere* de Sklavonie, partagée par moitié entre le comte et le propriétaire du bien volé. Hormis cela, l'objet volé est restitué à son propriétaire. Par la suite, le voleur ne pourra pas être jugé et déclaré recherché.

De l'incendie des troncs ou des gerbes de paille.
Chapitre 204.

Lorsque quelqu'un met le feu aux troncs, aux gerbes de paille ou aux champs et que le feu se propage au-delà de ses champs et qu'il ne sollicite pas de l'aide mais s'éloigne hâtivement, il sera condamné à une amende de 5 *hyperpere* et sera contraint de réparer le dommage causé. L'amende est partagée par moitié entre le comte et la personne ayant subi le dommage. S'il est prouvé qu'il a sollicité de l'aide, il ne paiera que le dommage, pas l'amende.

De ceux qui mettent le feu aux céréales.
Chapitre 205.

S'il est prouvé que quelqu'un a mis le feu volontairement au blé et au maïs, aux oliveraies, aux moulins, aux maisons en bois ou en paille, il sera condamné à une amende de 25 *hyperpere* de Sklavonie et devra réparer le dommage causé. L'amende est partagée de manière égale entre le comte et la personne ayant subi le dommage. Si cette dernière n'est pas en mesure d'apporter des preuves, elle devra prêter serment devant les juges avec six de ses voisins.

De l'extinction de l'incendie.
Chapitre 206.

Chaque personne doit agir rapidement pour éteindre le feu et si elle ne le fait pas quand elle le peut, elle paie une amende de 12 *grosh*, partagée par moitié entre le comte et la commune. Si l'incendie a lieu dans la ville ou en dehors d'elle et si quelqu'un ne répond pas à l'appel à l'aide, il sera contraint de payer une amende de 12 *grosh*, la moitié pour le comte et l'autre moitié pour la personne qui a donné l'alerte. Quand le feu prend dans les pâturages de la commune, tout le monde doit agir afin de l'éteindre. Si quelqu'un peut le faire mais n'agit pas ainsi, il sera contraint de payer l'amende ci-dessus.

De ceux qui entrent par la force dans la maison d'autrui.
Chapitre 207.

Si quelqu'un entre, sans l'ordre des juges, dans la maison d'autrui par la force, de jour ou de nuit et si ce fait est prouvé, il se verra condamné à une amende de 8 *hyperpere* de Sklavonie, ainsi qu'à la réparation du dommage.

L’amende est partagée par moitié entre le comte et le requérant.

Du vol commis le jour.
Chapitre 208.

Si quelqu’un vole durant la journée dans la maison d’autrui et si ce fait est prouvé, le voleur sera condamné à une amende de 8 *hyperpere* de Sklavonie, partagée à égalité entre le comte et le requérant. Le voleur devra aussi réparer le dommage. S’il commet le vol de l’objet d’autrui dans sa maison, l’amende à payer est double, donc 16 *hyperpere.*

Du vol commis la nuit.
Chapitre 209.

Si quelqu’un vole durant la nuit dans la maison d’autrui et si ce fait est prouvé, il sera condamné à une amende de 4 *hyperpere*, une moitié pour le comte et l’autre moitié pour la personne ayant subi le dommage, ainsi qu’à la réparation du dommage.

De l’empiètement de terrain.
Chapitre 210.

Lorsque quelqu’un empiète sur une partie du terrain du champ, du vignoble ou du jardin de son voisin, en déplaçant les bornes ou en rapprochant de la terre de son côté, il sera condamné à une amende de 3 *hyperpere*, partagée entre le comte et la personne ayant subi le dommage. Il paiera aussi le dommage causé à ce dernier.

De ceux qui volent la propriété de la commune.
Chapitre 211.

S'il est prouvé que quelqu'un a dérobé un objet de la commune, il sera condamné à une amende de 25 *hyperpere* de Sklavonie, et à la réparation du dommage, il lui sera aussi défendu d'accéder à un titre ou une fonction dans la commune.

Des vols dans l'abattoir.
Chapitre 212.

S'il est prouvé que quelqu'un a volé quelque chose à l'abattoir et cache un animal pour ne pas payer de douane, il sera condamné à une amende de 2 *hyperpere* et il lui sera aussi saisi l'animal caché.

De ceux qui sont surpris sur le fait d'un vol pour la deuxième fois.
Chapitre 213.

Si quelqu'un est surpris sur le fait d'un vol pour la deuxième fois, toutes les accusations portées contre lui de la part de chaque habitant de la ville seront retenues sans nécessiter de preuves ; l'auteur du vol devra restituer les objets volés ou leur valeur, et ceci même en vendant ses biens et ensuite il sera expulsé.

Du vol du bœuf ou de l'âne.
Chapitre 214.

S'il est prouvé que quelqu'un a volé un bœuf ou un âne, il sera condamné à une amende de 25 *hyperpere* de Sklavonie, partagée également entre le comte et le requérant. Hormis cela, il devra aussi rendre le bœuf ou l'âne volé et réparer le dommage causé au propriétaire pour le non-usage de l'animal en question, à partir du jour du vol. Si la personne ayant subi le dommage n'est pas en mesure de présenter des preuves, elle devra prêter serment devant les juges qu'elle dit la vérité avec six autres hommes.

Du vol des supports servant à l'accrochage des vignes.
Chapitre 215.

Quand il est prouvé que quelqu'un a volé des supports servant à l'accrochage des vignes, il sera condamné à une amende de 8 *hyperpere* de Sklavonie, une moitié pour le comte et l'autre moitié pour le requérant. Le voleur paiera aussi le dommage causé. Si le vol n'est pas prouvé, on tiendra pour vrai le serment de six hommes et du voleur.

De l'atelier et des outils.
Chapitre 216.

Si on prouve par des faits qu'une personne a volé l'atelier et les outils d'un artisan qui produit des charrues, le coupable sera condamné à une amende de 4 *hyperpere*, partagée également entre le comte et le requérant. Le voleur se voit contraint de réparer aussi le dommage causé.

De l'aiguillon.
Chapitre 217.

S'il est prouvé que quelqu'un a volé un aiguillon, il se voit contraint de payer le dommage ainsi qu'une amende de 2 *hyperpere*.

Du vol du joug.
Chapitre 218.

S'il est prouvé que quelqu'un a volé un joug de bœufs, il sera condamné à une amende de 2 *hyperpere*, partagée entre le comte et la personne ayant subi le dommage.

Du vol du raisin, des céréales, des choux et d'autres productions.
Chapitre 219.

Lorsqu'il est prouvé qu'une personne a volé du raisin, des céréales, des choux, des courgettes, des concombres, des cerises, des figues, des prunes et tout autre fruit, elle devra payer une amende de 2 *hyperpere* si le vol a été commis le jour, et de 4 *hyperpere* si le vol a été commis la nuit. La moitié de la somme est versée au comte et l'autre moitié à la personne ayant subi le dommage, en lui réparant aussi le dommage causé.

Des vols commis par le valet ou la servante.
Chapitre 220.

Lorsqu'un valet ou une servante, ou leurs enfants volent dans la maison du propriétaire ou autre part et lorsque le vol est prouvé, le voleur devra payer 2 *hyperpere* et rendre l'objet volé.

De l'incitation du valet ou de la servante.
Chapitre 221.

Si quelqu'un incite un valet ou une servante ou leurs enfants, et les conseille de quitter le seigneur et si ce fait est prouvé, la personne instigatrice sera condamnée à une amende de 8 *hyperpere* et à réparer le patron pour le départ du valet ou de la servante. Si, avec leur départ, les serviteurs emportent quelque chose de la maison du patron ou de la patronne, l'objet sera retourné à ces derniers.

Quand un habitant libre de la ville vole avec la complicité d'un valet.
Chapitre 222.

Lorsqu'une personne libre commet un vol avec un valet, le vol doit être payé par le premier, ainsi qu'une amende de 2 *hyperpere* si le vol est commis le jour, et de 4 *hyperpere* si le vol est commis la nuit. La première amende devra être payée aussi par d'autres personnes libres, qui sont impliquées dans le vol organisé avec le valet.

Des voleurs des environs.
Chapitre 223.

Les villages ou les campagnes qui se trouvent dans les environs de la ville de Shkodra ne doivent pas détenir dans leur territoire des voleurs, qui auraient pu être surpris sur le fait une ou deux fois. Si on y contrevient, le village ou la campagne en question devra payer une amende de 25 *hyperpere*, la moitié du montant versée au comte et l'autre moitié à la commune. Hormis cela, la campagne devra payer tous les vols qui n'ont pas encore été vérifiés. Le fait que les campagnards insistent pour garder parmi eux les voleurs en question vaut comme preuve.

Des meurtres.
Chapitre 224.

S'il est prouvé qu'une personne a tué un homme ou une femme, elle sera condamnée à une amende de 5 *hyperpere* de Sklavonie, partagée entre le roi et la personne la plus proche de la victime. Après le paiement, elle devra s'enfermer dans la maison et payer l'*urazbe* (la taxe du sang). Si elle ne la paye pas, l'affaire devra être remise au jugement du roi.

Des accusations de meurtre.
Chapitre 225.

Si des preuves ne peuvent être apportées à l'encontre d'une personne accusée de meurtre, cette dernière devra prêter serment avec douze autres hommes, alors que pour le demi-sang (blessure), avec six hommes. Parmi ceux qui prêtent serment avec elle, peuvent prendre part les cousins, les garçons d'honneur ou ses amis, qui jurent que leur proche a été accusé injustement et qu'il doit être libéré. Le chapitre qui traite de cette affaire doit être inclus dans l'article slave, introduit dans les statuts du roi.

De l'accusation infondée.
Chapitre 226.

Lorsqu'un de nos habitants renvoie quelqu'un devant les juges ou le comte sans fondement et n'est pas en mesure de prouver l'accusation, l'habitant accusateur devra payer la somme qu'il exigeait de la part de l'accusé.

De l'emplacement de la croix.
Chapitre 227.

La personne qui marche sur un endroit où est placée la croix sera condamnée à une amende de 10 *hyperpere*. La moitié est versée au requérant, mais si ce dernier n'est pas en mesure de prouver sa requête, il sera contraint de payer lui-même l'amende susmentionnée.

De la trahison.
Chapitre 228.

S'il est prouvé que quelqu'un n'a pas été fidèle à notre ville, toute sa propriété deviendra propriété publique, tandis que le traître se fera décapiter, s'il arrive à s'échapper, il se fera exclure à vie de notre ville.

De ceux qui frappent le comte.
Chapitre 229.

Lorsque quelqu'un frappe le comte devant les juges, il est tenu de payer 8 *hyperpere*, la moitié pour le comte et l'autre moitié pour la commune.

Quand les juges sont frappés.
Chapitre 230.

Lorsque quelqu'un frappe les juges ou l'un d'entre eux pendant le procès, il sera condamné à une amende de 30 *hyperpere* ainsi qu'au rejet de sa demande. Si le coup a été porté en dehors de la salle d'audience et si le fait est prouvé, il se verra contraint de payer une amende de 15 *hyperpere*, la moitié pour le comte et l'autre moitié pour la victime.

Quand le notaire ou le secrétaire est frappé.
Chapitre 231.

Lorsque le notaire ou le secrétaire est frappé pendant le procès, le coupable doit s'acquitter de la somme de 25 *hyperpere*. Quand le coup est porté en dehors de la salle d'audience, la personne est condamnée à une amende de 12 *hyperpere*, partagée par moitié entre le comte et la victime.

Quand l'huissier et l'officier judiciaire sont frappés.
Chapitre 232.

Quiconque frappe l'huissier ou l'officier judiciaire pendant le procès, sera condamné à une amende de 9 *hyperpere* ; si le coup est porté en dehors de la salle du tribunal, l'amende en question sera de 4 *hyperpere*, partagée par moitié entre le comte et la personne frappée.

Quand les fonctionnaires sont frappés.
Chapitre 233.

Quand quelqu'un frappe un fonctionnaire de la commune, qui est à son service, le coupable est condamné à une amende de 7 *hyperpere*, partagée également entre le comte et la personne ayant subi le dommage.

Quand quelqu'un est frappé dans sa maison.
Chapitre 234.

S'il est prouvé qu'une personne a frappé quelqu'un en s'introduisant dans sa maison, elle sera contrainte de payer 16 *hyperpere*, la moitié pour l'entrée, et l'autre moitié pour la sortie.

De l'altercation et de la coupe de cheveux par la force.
Chapitre 235.

S'il est prouvé qu'une personne a frappé ou a coupé les cheveux de quelqu'un par la force, elle sera condamnée à une amende de 12 *grosh*, partagée également entre le comte et la victime. Si c'est la personne frappée qui est responsable de l'altercation, il lui incombe de payer le dommage, et de plus, elle devra aussi payer l'amende.

Quand on frappe les étrangers.
Chapitre 236.

S'il est prouvé qu'une personne a frappé un étranger, elle sera condamnée à une amende de 8 *hyperpere*, partagée par moitié entre le comte et la victime. Lorsque l'agression a lieu en dehors de la ville, la condamnation sera une amende de 4 *hyperpere*.

Quand le requérant est frappé.
Chapitre 237.

Lorsque deux personnes s'opposent dans une affaire judiciaire et que l'une d'entre elles frappe ou offense l'adversaire, le coupable devra payer une amende de 4 *hyperpere*, partagée par moitié entre le comte et l'adversaire du coupable, ce dernier se verra aussi débouté par la suite.

De la bastonnade.
Chapitre 238.

S'il est prouvé qu'une personne a frappé quelqu'un avec un bâton, avec du bois ou un autre objet, le coupable sera condamné à une amende de 2 *hyperpere*, partagée entre le comte et la personne frappée.

De l'arrachement de la barbe.
Chapitre 239.

S'il est prouvé qu'une personne a arraché la barbe à quelqu'un d'autre, elle sera condamnée à une amende de 50 *hyperpere*, partagée également entre le comte et le requérant.

Des coups de pierres.
Chapitre 240.

Lorsqu'il y a des preuves que quelqu'un a frappé avec des pierres une personne, le coupable devra s'acquitter d'une amende de 2 *hyperpere*, partagée par moitié entre le comte et la personne blessée. Hormis cela, le coupable devra payer le médecin ainsi que les jours où le blessé a dû rester au lit. Si, pendant le coup reçu, le blessé s'est cassé un os, comme conséquence des coups de pierres ou de bâton, le coupable devra être condamné à une amende de 8 *hyperpere*. Dans cette condamnation sont inclus tous les genres de coups, en conséquence desquels la personne ayant subi le dommage se voit obligée de garder le lit.

Des blessures causées pendant le jeu.
Chapitre 241.

Si une personne blesse quelqu'un en jouant, elle n'est pas tenue de payer d'amende. Mais s'il est prouvé que le dommage a été causé volontairement, elle sera condamnée à la hauteur du dommage qu'elle a causé.

Des coups de poing.
Chapitre 242.

Lorsque quelqu'un donne des coups de poing ou de couteau à quelqu'un, il sera condamné à une amende de 2 *hyperpere*, partagée par moitié entre le comte et la victime.

Des blessures graves.
Chapitre 243.

S'il est prouvé qu'une personne a causé beaucoup de blessures à une autre, elle sera condamnée à une amende de 5 *hyperpere* pour chaque blessure, la moitié de la somme est versée au comte et l'autre moitié à la personne blessée.

Des blessures dans la ville.
Chapitre 244.

Si quelqu'un blesse une personne la nuit, dans une rue de la ville ou sur une place, il sera condamné à une amende de 12 *grosh* et pas à d'autres condamnations, comme dans les cas susmentionnés.

Des blessures pendant le service.
Chapitre 245.

Si une personne se blesse pendant le service qu'elle rend à la commune, les juges devront se servir des fonds du tribunal pour les dépenses nécessaires au soin, au médecin, ainsi que les jours perdus pour la personne ayant subi le dommage, sauf dans le cas où cette dernière s'est blessée par sa faute.

Des blessures par épée, flèche ou barre de fer.
Chapitre 246.

Si quelqu'un a blessé une personne par épée, flèche ou du fer en entraînant le saignement et lorsque les juges ainsi que les médecins jugent la blessure risquée pour sa vie, le coupable sera condamné à une amende de 50 *hyperpere* pour le médecin ainsi que le temps perdu pour le blessé. Si ce fait n'est pas prouvé, l'accusé avec six hommes devra prêter serment. Lorsque le crime est prouvé, le coupable sera contraint de payer la moitié de l'*urazbe*, partagée également entre le comte et la commune, l'autre moitié sera versée au blessé.

Des blessures dans l'église.
Chapitre 247.

Si une personne blesse quelqu'un en entraînant le saignement, elle sera condamnée à une amende de 10 *hyperpere*, partagée comme suit : une moitié pour le tribunal et la commune, et l'autre moitié pour la personne blessée. De cette manière, nous souhaitons prouver le respect envers l'Eglise. S'il n'y a pas de saignement, l'amende sera de 5 *hyperpere*.

La falsification du signe de la commune.
Chapitre 248.

S'il est prouvé que quelqu'un a falsifié le sceau de la commune, sa masse, sa forme et sa couleur dans un but malintentionné, il sera condamné à une amende de 100 *hyperpere*, la moitié versée au tribunal et à la commune et l'autre moitié au dénonciateur. Le faussaire et le traître n'auront plus affaire à la commune.

De la sorcellerie.
Chapitre 249.

Si un homme ou une femme exerce la sorcellerie ou d'autres pratiques, en utilisant des herbes et des potions, et si ceci est prouvé au moyen de la flagellation, le coupable sera blâmé et baladé dans toute la région en se faisant flageller. Il sera jugé publiquement et s'il s'agit d'un habitant ou d'une habitante de la ville, il sera contraint de payer une amende de 50 *hyperpere*, la moitié pour la commune et l'autre pour la personne l'ayant dénoncé.

Quand l'animal est surpris en train d'endommager.
Chapitre 250.

Si l'animal d'une personne pénètre dans le vignoble, le champ, le jardin d'autrui et lui cause des dommages, le propriétaire de l'animal devra réparer le dommage intégralement, qui sera estimé par trois personnes de confiance du tribunal. Le propriétaire de l'animal devra payer 12 *grosh*, une moitié pour le tribunal et l'autre moitié pour la commune, s'il est prouvé qu'il a introduit intentionnellement l'animal dans les propriétés d'autrui, il sera condamné à une double amende. Il est exigé des propriétaires des animaux qu'ils s'en occupent convenablement, ou d'autres personnes engagées par eux, de manière à ce que l'animal meure dans leur propriété et pas celle d'autrui.

Des dommages.
Chapitre 251.

S'il est prouvé qu'une personne, étrangère ou habitante de la ville, ou un agriculteur, cause un dommage à quelqu'un dans la rue, au vignoble, dans un champ ou ailleurs, elle sera contrainte de payer une amende de 4 *hyperpere*, la moitié pour le comte et l'autre moitié pour la commune. Hormis cela, elle devra réparer le dommage à la personne l'ayant subi.

Quand les porcs s'introduisent dans les vignobles, les champs ou dans le jardin.
Chapitre 252.

Lorsque les porcs d'une personne s'introduisent dans les vignobles, champs ou jardins d'autrui, au moment où est conservée encore la production, et que le propriétaire des porcs a été prévenu trois fois de suite, après cela, le propriétaire du terrain a le droit d'abattre les porcs. S'il ne souhaite pas agir ainsi ou si les porcs arrivent à s'échapper, le propriétaire du terrain endommagé ne doit pas abattre ou blesser les porcs, et n'a pas non plus le droit de réclamer et de recevoir de réparation.

De la truie et des porcelets.
Chapitre 253.

Si une truie s'introduit dans le vignoble avec ses porcelets, le jardin ou ailleurs, et lorsqu'elle cause un dommage, le propriétaire du vignoble, jardin ou de toute autre propriété, peut l'abattre de suite ou dérober au propriétaire de la truie, la nuit, tout ce qu'il souhaitera des biens qu'il possède dans la ville. Ceci est disposé dans le but d'empêcher quiconque de détenir des truies et porcelets à l'intérieur de la ville. Si la personne ayant subi le dommage ne souhaite pas abattre la truie et les porcelets, alors elle a le droit d'exiger de leur propriétaire la réparation du dommage.

Des dommages causés près d'une campagne.
Chapitre 254.

Si un de nos habitants se fait voler ou subit tout autre dommage près d'une campagne ou d'une ferme, la campagne et la ferme en question sont tenues de réparer le dommage intégralement, si elles ne sont pas capables de remettre le voleur.

Des injures du genre « voleur », « fils de putain », « lépreux ».
Chapitre 255.

Si une personne en injurie une autre avec les mots « voleur », « fils de putain », « crasseux », « bâtard », « bête » et d'autres injures du même genre et n'est pas en mesure d'en apporter les preuves, elle devra payer à la personne insultée une amende de 8 *hyperpere*. La même somme est aussi versée à une femme honnête offensée avec les mots « coureuse », « voleuse », « sorcière », si de telles accusations ne sont pas prouvées.

De la violence envers une femme ou de la violation de son domicile.
Chapitre 256.

S'il est prouvé qu'un laïc frappe une femme ou viole son domicile, il sera condamné à une amende de 8 *hyperpere*. S'il agresse une autre femme de la même manière, il sera condamné à une amende de 8 *hyperpere*, la moitié pour le comte et l'autre pour le dénonciateur.

Des injures du prévenu.
Chapitre 257.

Lorsqu'une personne jugée ose injurier les juges, les statuts ou le comte, elle sera contrainte de payer une amende de 8 *hyperpere* et se verra aussitôt déboutée. L'amende est partagée également entre le comte et la personne injuriée.

De l'injure envers l'adversaire au procès.
Chapitre 258.

Si une personne injurie son adversaire au procès, elle paiera une amende de 8 *hyperpere* et se verra aussitôt déboutée.

Des procès de vols.
Chapitre 259.

Si une personne est jugée pour avoir volé, l'objet volé sera restitué à la personne ayant subi le dommage. Le voleur devra verser au comte la valeur de l'objet volé, comme prévu par le chapitre qui traite des vols.

De ceux qui incendient les champs.
Chapitre 260.

La personne qui incendie les champs après les récoltes sera condamnée à une amende de 12 *hyperpere* et si elle cause un dommage par son acte, elle devra le réparer. L'amende est partagée également entre le comte et la commune.

De ceux qui incendient la clôture du voisin.
Chapitre 261.

Lorsqu'une personne incendie, casse ou endommage la clôture du voisin, elle paie une amende de 12 *hyperpere*, partagée entre le Comte et la personne ayant subi le dommage. Hormis cela, le coupable devra reconstruire la clôture endommagée avec les dépenses à sa charge, ensuite il devra réparer aussi tout autre dommage qu'il aurait pu causer.

Des étrangers qui demeurent dans la ville.
Chapitre 262.

L'étranger qui vient d'ailleurs pour s'installer dans notre ville, pour y vivre, sera exonéré de toute obligation pour une année entière. Si le patron, qu'il soit latin, slave ou d'une autre communauté, essaye de faire expulser l'étranger, la commune est tenue de le protéger et personne d'autre que les juges n'a le droit de le juger, personne ne pourra le déclarer comme son proche. Le juge ou quiconque d'autre, qui oserait faire une telle chose, sera condamné à une amende de 50 *hyperpere*, partagée également entre le comte et la commune.

Des personnes qui font du bruit pendant le procès.
Chapitre 263.

Tous ceux qui souhaitent prendre part à un jugement devront écouter et se taire. Si quelqu'un intervient en faveur d'une partie ou de l'autre, il sera contraint de payer une amende de 12 *hyperpere*.

De l'interdiction de la réclamation du prêt pour le compte d'autrui, sauf dans le cas où il le réclame lui-même.
Chapitre 264.

Il n'est autorisé à aucun habitant de réclamer les prêts d'autrui, même s'il est muni d'un document à cette fin. S'il est constaté qu'il a agi autrement, il sera contraint de payer l'emprunt intégralement et le débiteur sera considéré comme étant libéré de sa dette.

De l'expulsion de la femme.
Chapitre 265.

L'homme ayant fait entrer une femme dans la maison ne pourra jamais l'expulser, sous prétexte qu'elle ne détient pas de dot dans la maison. La dot doit être exigée raisonnablement. Celui qui expulse la femme sera condamné à une amende de 8 *hyperpere*, partagée également entre le comte et le requérant.

Du paiement de l'*urazbe* ou de la vendetta.
Chapitre 266.

Il est interdit à tout homme de se servir de la dot de sa femme pour payer une vendetta ou l'*urazbe*. La commune doit protéger la femme, alors que l'homme, qui commet une telle folie, devra en assumer les frais. S'il n'est pas en mesure de le faire, la femme a le droit de gérer elle-même la dot.

Des témoignages au procès.
Chapitre 267.

Lorsque deux personnes s'opposent au procès, chacune d'entre elles doit apporter les preuves ou les documents, sur le fondement desquels il est statué. Si la décision ou les preuves ne sont pas rendues conformément à la règle, dans une lettre notariée, elles ne seront pas considérées comme étant valables. La décision doit être écrite de la main du notaire, dans la forme donnée par les juges.

Des cas juridiques non prévus dans les statuts.
Chapitre 268.

Si les juges sont confrontés à un cas qui n'est pas prévu dans les statuts de la ville, ils ne devront pas prendre de décision sans l'appui de deux ou trois nobles de la ville. Après que les juges auront rendu le jugement, les nobles en question devront introduire la décision dans les statuts de la ville, de sorte que, dans le cas où la nécessité se présentera de juger d'affaires pareilles, il soit procédé normalement sur le fondement des statuts.

LA FIN DES STATUTS DE LA VILLE TRES CHTRETIENS DE SHKODRA

Des personnes qui médisent des habitants au suzerain.
Chapitre 269.

L'an 1391.

Nous ordonnons à l'unanimité que si l'un de nos habitants se rend chez le suzerain, chez le chef, ou un propriétaire quelconque et médit, par un faux serment, des autres habitants ou de ses voisins, et si un scandale ou un dommage est causé par ses diffamations, si la malhonnêteté du calomniateur s'avère, il se voit contraint de payer une amende de 50 *grosh* de Kotorr ainsi que de réparer intégralement le dommage causé. Si une personne se présente en sollicitant son acquittement de la condamnation susmentionnée, la personne en question devra payer, pour l'autre personne, le double de l'amende, qui sera versé à la commune.

Des amendes fixées par les juges et les autres officiels pour ceux qui se disputent.
Chapitre 270.

Si un habitant se dispute avec un autre habitant et si au même endroit se trouvent un juge ou un conseiller secret, un guetteur ou un avocat, qui ordonnent de mettre fin à la dispute en les menaçant d'une amende de 50 *hyperpere* et plus, et si par la suite, l'un d'entre eux ne renonce pas à la querelle, il sera condamné à une amende de la valeur la plus appropriée.

Du jour de la désignation des officiels.
Chapitre 271.

L'an 1391, le 25 avril.

Nous, la commune de Shkodra, tous, petits et grands, décidons à travers ce document que le jour de la fête de la Saint Marc soient désignés les juges, les auditeurs, l'avocat, le comptable, les gérants des vignobles et l'exécuteur. Si l'un d'entre eux refuse son office, il sera condamné à une amende de 50 *hyperpere* et sera contraint de quitter la commune.

De la possibilité des juges de vendre les revenus de la commune.
Chapitre 272.

Nous, toute la commune de Shkodra, petits et grands, ordonnons par écrit que les juges aient le pouvoir de vendre les revenus de la commune d'année en année. A la fin du délai annuel, ils n'auront plus le droit de le faire.

Personne ne peut vendre son propre emplacement d'ensevelissement.
Chapitre 273.

L'an 1392, le 12 mars.

Sur le fondement de la volonté de toute la commune, et avec le Conseil, nous ordonnons que quiconque détient son propre emplacement d'ensevelissement à l'église franciscaine ou celle de Saint Stéphane, ne soit pas autorisé à le vendre. S'il y contrevient, il sera condamné à une amende de 50 *hyperpere*, la même amende vaut pour la personne ayant acquis l'emplacement.

Du poisson qui revient au comte et de la restitution des autres marchandises.
Chapitre 274.

L'an 1393, le dixième jour de mars.

Nous, tous les habitants de la commune de Shkodra, petits et grands, dans un esprit sain et d'un même avis, en se fondant sur le droit canonique, désirons confirmer le privilège certifié par l'empereur Stéphane, en rapport avec les balances, où il est mentionné qu'il faut remettre au comte un dixième des anguilles, un neuvième des carpes, alors que, s'agissant des autres poissons, il faut lui remettre un sixième, pas davantage. S'agissant des bœufs de labour des champs, il faudra lui verser un *grosh*, ainsi que pour les vaches, lorsqu'elles sont emmenées au marché, pour chaque porc devra lui être versé pas plus de la moitié d'un *grosh*, alors que pour le menu bétail, devra lui être versé un *grosh* par animal, pour le cheval 6 *grosh*, et pour la vente de céréales, un *sold* par gerbe, pour la laine filée à la maison, on devra lui verser pas plus de 34 *grosh*. Pour chaque vêtement vendu, devra être versé un *grosh* pour 34 *grosh* de valeur de marchandise vendue, pas plus. Pour le poisson vendu dehors, devra être versé un *grosh*. Pour chaque manteau de laine blanche printanier exporté devra en être retenu un tous les 33 *grosh*. Pour le poisson pêché dans le lac devra être retenu un huitième du *grosh*. Si l'un de nos habitants désire envoyer du poisson à ses amis en dehors de la ville, il pourra le faire après avoir juré qu'il ne le vendra pas. Si l'un de nos habitants transporte des marchandises pour les ramener dans les contrées du suzerain, il ne devra payer que s'il part en dehors des contrées de la capitale. Le comte, qu'il soit de Shkodra ou d'ailleurs, devra se soumettre et respecter les dispositions susmentionnées. S'il agit autrement, s'abattra sur lui et ses héritiers la malédiction du Seigneur, de la Vierge Marie, des douze apôtres et de notre sauveteur Saint Stéphane ainsi que des martyrs Saint Shirgj et Saint Bak. Il devra aussi payer une amende de 50 *hyperpere*, partagée par moitié entre le suzerain et la commune.

Moi, Stéphane, fils du défunt comte Pjeter Berkinja, notaire de la commune de Shkodra, j'ai écrit ce document de ma main et signé de ma signature.

De la désignation des *zhupane* (petits gouverneurs). Chapitre 275.

L'an 1457, le jour du 29 décembre.

Afin de désigner les *zhupane* (petits gouverneurs) pour l'année prochaine, aujourd'hui dans l'église de Saint Stéphane, à l'endroit habituel, s'est réuni le Conseil des nobles de la ville de Shkodra, dans lequel ont participé les juges de la ville avec trente conseillers.

Vu que à chaque année, s'agissant de la désignation des *zhupane*, naissent de nombreux débats et querelles, puisqu'il y en ą de ceux qui ne pourront jamais accéder à cet office, alors que d'autres, en opposition à toute norme de droit, prétendent y accéder tous les ans ; dans le but d'éviter les débats et les querelles en question, qui sont apparus et pourront naître dans le futur entre les nobles, pour les motifs susmentionnés, et dans le but que chacun profite des avantages et de l'utilité d'un tel office.
Nous ordonnons, entre autres, que si quelqu'un a été choisi *zhupan* pour un an, il ne pourra pas être désigné à nouveau au même poste pour une période de six ans à partir de la dernière nomination. Ceci est fait dans le but que chaque habitant, qu'il soit riche ou pauvre, puisse avoir la possibilité d'accéder à cet office.
Puisque cette décision, après avoir été formulée, lue et comprise par toutes les personnes présentes, a reçu leurs louanges et consentement, désormais elle ne pourra être modifiée par aucun accord, en aucune façon et en aucune

forme. Elle devra rester telle quelle, inchangée et valide, comme elle a été écrite, du début à la fin.
Moi, Vincent Bonariga, chancelier et notaire public du Seigneur le Provéditeur de Shkodra, demande.

De l'abrogation des décisions prises au temps du suzerain Johan Boldi et désormais il sera payé comme indiqué ci-dessous.
Chapitre 276.

Pour la convocation au procès *grosh* 2 *sold* 1
Pour l'attribution de la date *g.* 0 *s.*1
Pour des réclamations, réponses, oppositions *g.* 2 *s.* -
Pour le témoignage *g.* 2 *s.* -
Pour l'écriture et d'autres actes publics *g.* 2 *s.* -
Pour des décisions judiciaires concernant des affaires civiles ou pénales *g.*- *s.*1 par *hyperpere*
Pour le fait d'engager un avocat *g.* 2 *s.* -
Pour l'écriture d'une procuration dans les actes *g.* 2 *s.* -
Pour une procuration sous forme officielle *g.* 20 *s.* -
Pour les actes sexuels et l'enlèvement de personne *g.* 2 *s.* -
Pour protestation *g.* 4 *s.* -
Pour tout autre acte exceptionnel *g.* 2 et la vérification de l'écriture et des conditions du fait *g.* *s.* *
Pour les objets vendus aux enchères, pour lesquels le secrétaire prend notes dans les actes de vente *g.* * *s.* 1 par *hyperpere*
Pour la vente des douanes ou des dixièmes *g.* 6 *s.* -
Pour les ventes annoncées par le héraut *g.* * *s.* 1 par *hyperpere*

Pour chaque notification du héraut *g*. 2 *s*. -
Pour les laissez-passer *g*. 2 *s*. -
Pour les contre-remboursements du fournisseur *g*. 4 *s*. -
Pour les papiers habituels *g*. 2 *s*. -
Pour les documents attestant l'accomplissement d'un service ainsi que la signature du notaire *g*. 4 *s*. 0
Pour les lettres de recommandation *g*. * *s*. - la moitié du ducat
Pour l'enregistrement d'une lettre ducale *g*. * *s*. - la moitié du ducat
Pour les ordres de paiement *g*. 1 *s*. – par *hyperpere*
Pour les privilèges des chefs des campagnes *g*. * *s*. * ducat 1
Pour les objets donnés d'une valeur à partir de 2 *hyperpere*, le paiement se fait en conformité avec la situation *g*. * *s*. -
Pour avoir le droit de propriété sur une chose d'une valeur de 2 *hyperpere* et plus, après vérification faite de l'état de la chose *g*. * *s*. *
Pour résoudre un différend *g*. 12 *s*. -
Pour inscrire un soldat *g*. 2 *s*. -
Pour mettre en location un cheval *g*. 4 *s*. *
Pour tout service exceptionnel *g*. * s. 1 par *hyperpere*
Pour toute accusation et défense *g*. 2 *s*. -
Pour les procès concernant le meurtre et les biens de la victime *g*. * *s*. * ducat 1
Pour les garants *g*. 2 *s*. -
L'invalidation d'une ancienne condamnation *g*. 2 *s*. -

Du salaire du chancelier et de l'officier pour le déchargement des bateaux de sel.
Chapitre 277.

L'an 1462, dix-septième jour du mois de novembre.

Le Majestueux Seigneur Benedito Superanto, Comte et Capitaine de Shkodra et de ses environs, au nom de Son Excellence le Doge de Venise, ainsi que de Francesco Venerio, Provéditeur du Doge en question dans l'Albanie entière, en prenant en considération la somme donnée au chancelier et à l'officier pour le mesurage de la cargaison de chaque bateau chargé de sel qui arrive ici de Shirgji, à environ sept milles loin d'ici, observant que les sommes versées pour l'exécution de cette opération ne sont pas suffisantes, même pour payer la location des bêtes de somme, et puisqu'ils l'avouent eux-mêmes avoir plus de pertes que de bénéfices, et que cela arrive parfois, en raison du mauvais temps, qu'un bateau qui met au moins huit, dix ou quinze jours à être déchargé, tarde d'un mois et lors du déchargement du sel il doit toujours y avoir quelqu'un de présent, proclament et déclarent que, dorénavant, les chanceliers et les militaires d'aujourd'hui et ceux à venir, s'agissant de l'inspection des mesures et des opérations de déchargement, devront prélever 2 *hyperpere* pour chaque bateau chargé avec moins de cinquante boisseaux (*stare)* de sel, alors que, s'agissant du déchargement des bateaux avec plus de cinquante *boisseaux*, ils prélèveront 1 ducat d'or. Nous estimons que c'est la manière la plus juste et la meilleure pour résoudre ce problème.

Moi, Jakob de Blaskin, chancelier du susmentionné comte et capitaine, j'ai pris note et écrit de ma main tout ce qui a été mentionné ci-dessus.

Pour la taxe du chancelier ne devra être prélevé qu'un *grosh* par *hyperpere* de la somme accumulée des contraventions.
Chapitre 278.

Le trois août de l'an 1469.

Le Majestueux et Noble Seigneur Leonard Boldi, Comte et Capitaine de Shkodra, au nom de Son Excellence le Doge de Venise, après avoir entendu la sollicitation du chancelier Nicolai Fregona, habitant de Trévise, prétend que, concernant toutes les amendes établies par les magistrats, les Seigneurs Recteurs de Shkodra, et recueillies par le Trésor, il lui soit versé 1 *grosh* pour chaque *hyperpere*, parallèlement à la taxe mentionnée dans les actes de la chancellerie qui a été versée régulièrement jusqu'à maintenant. Après avoir entendu la réponse approbative du secrétaire du Trésor, Donat Maxalorsa, après avoir entendu les motifs et les prétentions des deux parties et après avoir discuté de cette affaire avec l'honorable Marino Mauro, châtelain et gardien du Trésor de Shkodra, après examen des lettres de l'honorable Seigneur Marci Barbo, châtelain et ancien gardien du Trésor de Shkodra, après évaluation complète de l'affaire et renseignement exact sur les pratiques menées jusqu'à présent, donc après avoir vu et examiné tout ce qui devait l'être dans cette affaire, jugea, conclut et

déclara que la somme prétendue des revenus perçus des amendes, revient au Seigneur Nicolai et aux autres chanceliers à venir, comme compensation de l'effort produit pour l'écriture de la décision du tribunal.
Etaient présents le grand doyen de l'artisanat et de la médecine, le majestueux seigneur Francesco Caravagio, Domenico et Ilario, le commandant Giorgio Curazario et beaucoup d'autres.

Moi, Paulus, assistant, j'ai mis cela par écrit sur ordre.

Sorti de l'ancien original qui se trouve dans les archives du Conseil des Dix de la glorieuse ville de Venise, et recopié fidèlement et mot par mot par moi-même, Marin Dulçiku, fils de Monsieur Disk et neveu de Monsieur Vladislav.

A la fin se trouve la déclaration des statuts en question.

De la fixation des honoraires des procureurs et des avocats.
Chapitre 279.

Le 25 avril 1461.

A la réunion du Conseil de la noblesse de la ville de Shkodra, organisée selon la coutume dans l'église de Sainte Marie, à laquelle ont participé le Majestueux Seigneur Michael Trunus, Comte et Capitaine de Shkodra, et les 26 conseillers, a été prise la décision suivante :

A partir d'aujourd'hui, aucun procureur ni avocat ne devra et ne pourra être désigné par son propre argent, il ne devra pas recevoir de présent par la personne pour laquelle il accomplit la fonction d'avocat ou de procureur. Il est autorisé à l'avocat, tout comme au procureur, de garder 1 *grosh* par *hyperpere* pour la somme s'élevant jusqu'à 50 *hyperpere*, tandis que, pour la somme supérieure à ce montant, qu'il garde 20% et pas un centime de plus. Si quelqu'un contrevient à cette décision, il sera à jamais exclu du Conseil de la ville de Shkodra et sera privé des postes et des bénéfices découlant de la participation dans ce Conseil. Il sera aussi condamné à une amende de 50 *hyperpere*, dont une moitié est versée à la commune et l'autre moitié au requérant. Ensuite, le contrevenant sera enfermé pendant six mois dans la prison de Shkodra. Cette décision est valable pour les nobles et pour les habitants de Shkodra et des environs. La décision en question a été soumise au vote : 23 votes étaient en sa faveur et seulement 3 contre.

GLOSSAIRE

Agaridio, agoridio, en grec angaria (chap. 262) - impôt

Albanese, arbanese, arbaneso,(chap. 1, 2, 84, 130, 136) - albanais

Anati- en général, cousin germain dans ligne masculine

Arti (chap. 216) - outil

Axito, axita, (chap.17) - séparation

Avaria, (chap. 80) - perte

Albitrio, Arbitro, (chap. 93, 95) - juge

Belego (chap. 92) - en albanais, duel

Besare (chap.269), besë (en albanais) - la parole donnée

Brazulari (chap. 64) - en albanais, unité de mesure (un bras)

Camarda (chap. 65,79, 109, 212), mot byzantin, kmarda, en grec kambra, en albanais - abattoir

Carati, charati (chap. 279) - pourcentage de taxe obligatoire judiciaire

Celar, celaro, cilar (chap. 12, 20, 24, 25) - cave ou rez-de-chaussée

Colgator - employé de taxe

Dinar - nom de la monnaie de plusieurs pays. L'étymologie du mot dinar est de racine grecque qui est également cité dans le Coran. Il s'agissait en fait à l'origine d'une ancienne monnaie romaine, le denaris (denarii au pluriel), il en est de même pour le mot français denier. C'était une pièce d'argent. Les différentes monnaies portant ce nom sont aujourd'hui :

Favoleta (chap. 178) - endroit de réunion, marché

Folar, folaro, en byzantin, pholis, (chap. 51, 52) - monnaie en cuivre

Grosh - monnaie en argent : les vénitiens avaient été frappés dès 1202. Le mouvement est véritablement européen : vers le milieu du XIIIème siècle, on trouve les aquilini grossi du Tyrol, les gros de Flandre vers 1275, les groats anglais vers 1279, les groschen de Bohême en 1296.

Guarente, guarenti, guarento(chap. 71, 81) - garant, témoin

L'hyperpérion (grec : ὑπέρπυρον, très raffiné), ou hyperpère - pièce de monnaie byzantine utilisée à la fin du Moyen Âge. Elle fut créée par l'empereur Alexis Ier Comnène en 1092 pour remplacer le *nomisma,* version grecque du solidus. L'hyperpérion était d'or de plus grande qualité (généralement 900 - 950, d'où son nom), et pesait 4.45 à 4.48 grammes.

Hoste (chap. 85) - guerre, mais à Budva, unité de soldats

Mero (chap.181) - mesure, valeur

Nevo, nevodo (chap. 130, 175) - neveu, nièce

Noviza (chap. 167) - épouse, jeune mariée

Otacho, otogo, otargo, senecio, senicio, votaco (chap. 56, 106, 170, 232) - huissier de justice

Piezaria (chap. 276) - garantie

Plaito, plaitu (chap. 103) - jugement, décision judiciaire, plaidoirie

Pomo, pomeri, (chap. 40) - arbre fruitier, arbre

Prechio, prechivo, (chap. 159) - dot

Sidiciaro (chap. 248) - traître, faussaire

Sold, solidus (au pluriel solidi) - nom que prend la monnaie romaine d'or au début du IVème siècle. Cette monnaie connut une exceptionnelle stabilité qu'elle conserva à Byzance jusqu'au XIème siècle.

Strida (chap. 278) - annonce de tribunal par héraut

Zudebina, suadebina (chap. 103) - taxe dont bénéfice le juge

Urasba, varasda,urasda,wrasda, vrasda, (chap. 224, 225, 246, 266) - taxe de vendetta

Ustador (chap. 85) - soldat

Zupano, zuppano (chap. 275) - fonctionnaire, maire, préfet, gouverneur

TABLE DES MATIÈRES

L'HARMATTAN ITALIA
Via Degli Artisti 15; 10124 Torino

L'HARMATTAN HONGRIE
Könyvesbolt ; Kossuth L. u. 14-16
1053 Budapest

L'HARMATTAN KINSHASA
185, avenue Nyangwe
Commune de Lingwala
Kinshasa, R.D. Congo
(00243) 998697603 ou (00243) 999229662

L'HARMATTAN CONGO
67, av. E. P. Lumumba
Bât. – Congo Pharmacie (Bib. Nat.)
BP2874 Brazzaville
harmattan.congo@yahoo.fr

L'HARMATTAN GUINÉE
Almamya Rue KA 028, en face
du restaurant Le Cèdre
OKB agency BP 3470 Conakry
(00224) 657 20 85 08 / 664 28 91 96
harmattanguinee@yahoo.fr

L'HARMATTAN MALI
Rue 73, Porte 536, Niamakoro,
Cité Unicef, Bamako
Tél. 00 (223) 20205724 / +(223) 76378082
poudiougopaul@yahoo.fr
pp.harmattan@gmail.com

L'HARMATTAN CAMEROUN
BP 11486
Face à la SNI, immeuble Don Bosco
Yaoundé
(00237) 99 76 61 66
harmattancam@yahoo.fr

L'HARMATTAN CÔTE D'IVOIRE
Résidence Karl / cité des arts
Abidjan-Cocody 03 BP 1588 Abidjan 03
(00225) 05 77 87 31
etien_nda@yahoo.fr

L'HARMATTAN BURKINA
Penou Achille Some
Ouagadougou
(+226) 70 26 88 27

L'HARMATTAN SÉNÉGAL
10 VDN en face Mermoz, après le pont de Fann
BP 45034 Dakar Fann
33 825 98 58 / 33 860 9858
senharmattan@gmail.com / senlibraire@gmail.com
www.harmattansenegal.com

L'HARMATTAN BÉNIN
ISOR-BENIN
01 BP 359 COTONOU-RP
Quartier Gbèdjromèdé,
Rue Agbélenco, Lot 1247 I
Tél : 00 229 21 32 53 79
christian_dablaka123@yahoo.fr

Achevé d'imprimer par Corlet Numérique - 14110 Condé-sur-Noireau
N° d'Imprimeur : 122188 - Dépôt légal : octobre 2015 - *Imprimé en France*

www.ingramcontent.com/pod-product-compliance
Lightning Source LLC
LaVergne TN
LVHW021214061026
849535LV00008B/2727
* 9 7 8 2 3 4 3 0 7 1 8 2 4 *